KB079990

한 뼘___골프

한 뼘＿＿골프

개정 1판 1쇄 발행 2021년 10월 15일

지은이 이종달 / **펴낸이** 배충현
펴낸곳 아이디어스토리지 / **등록일** 2016년 10월 14일(제 2016-000203호) / **전화** (031)970-9102 /
팩스 (031)970-9103 / **이메일** ideastorage@naver.com / **ISBN** 979-11-974309-1-6 (13690)

한 뼘 골프

하루 3분 골프 레슨 · 스윙 꿀팁 50

IDEA
storage

"단언컨대, 이 책을 읽고
고민할수록 스윙은 좋아질 것…"

골프 정보가 홍수를 이루고 있다. 방송, 신문, 잡지 등에서 수없이 쏟아져 나온다. 골프레슨도 마찬가지다. 그런데도 골퍼들은 레슨에 목말라한다. 너무 일방적인 방식 때문이라 생각한다. 또 방송에서 보여주는 레슨은 '호흡'이 너무 짧다.

아무리 좋은 레슨도 받아들일 수 없으면 소용이 없다. 스윙은 한 번에 완성되는 게 아니다. 교정도 어디서부터 손을 대야할지 난감할 때가 많다. 그래서 우리 몸의 이해를 토대로 한 레슨을 생각하게 됐다.

우리 몸은 구조적으로 스윙 시 '헤드업'을 할 수 밖에 없다. 그런데 "헤드업을 하지 말라"고 레슨서는 강요한다. 누구나 장타를 치고 싶다. 어프로치로 볼을 홀에 붙이기도 싶다. 이런 문제에 대한 답을 주고 싶었다.

골프레슨서는 아무리 내용이 좋아도 이를 이해하고 실전에 적용하는 데 한계가 있다. 이론적으로는 맞다. 하지만 주말골퍼의 입장에서는 '그림의 떡'이다. 실제 적용하는 데 거리가 있다. 또 몸도 따라주지 못하는 것이다.

이 책은 '가이드북'이라 보면 된다. 골퍼 스스로 스윙의 문제점을 찾도록 돕는다. 또 그 해결방법을 안내한다. 굳이 레슨프로를 찾지 않아도 된다는 말이다.

아마추어골퍼의 스윙은 복잡 다양하다. 이 책은 스윙의 문제를 '한 방'에 해결하는 '만병통치약'은 아니다. 하지만 갑자기 스윙이 무너졌을 때 꺼내보면 도움이 될 것이다.

남(레슨프로)의 도움이 아닌 스스로 스윙교정에 도전해 보라. 단언컨대 이 책을 읽고 고민할수록 스윙은 좋아질 것이다. 물론 스코어도 줄어든다.

이종달

목   차

Level 02 정교한 샷을 위한 노하우

Level 03 '폼' 나는 스윙을 위한 디테일

Level 04 '굿 샷'을 부르는 스윙의 기술

Level 05 동반자가 부러워하는 스윙 실력 포인트

'싱글' 골퍼가 되기 위한 필수 단계

Level 01

어드레스와 양팔

왼쪽 팔꿈치 전면은 앞을 향하라

01

스윙은 늘 일정하게 이뤄져야 한다. 만약 구질이 좋지 않은 샷을 하더라도 스윙이 일정하다면 교정이 쉽다.

종잡을 수 없는 구질을 보이면 교정이 어렵다. 이는 스윙궤도가 일정하지 않다는 것을 의미하기 때문이다.

일정한 스윙궤도를 유지하기 위해서는 양팔의 역할이 크다. 좌우어깨와 겨드랑이를 조이라는 것도 늘 일정한 스윙을 만들기 위한 것이다. 이를 위해 스윙 중 역삼각형을 오래 유지하라고 말한다. 하지만 오래 유지할 수도 없고 또 오래 유지해서도 안 된다.

어드레스 시 양팔과 어깨가 이루는 모양은 역삼각형이다. 스윙 중 이 모양을 잘 유지해야 제대로 된 샷을 날릴 수 있다고 한다. 그런데 무슨 말인지 쉽게 이해가 가지 않는다.

역삼각형은 그립을 한 양손이 오른쪽 허벅지 우측을 지날 때부터 흐트러지기 시작한다. 다시 말해 백스윙 초기부터 흐

트러지므로 오랫동안 유지하기 힘들다. 양손은 양 어깨에 매달려 있으면서 서로 대칭되어 있기 때문이다.

벤 호건이 쓴 유명한 『모던골프』라는 책을 보면 양 팔꿈치의 전면은 모두 앞쪽을 보고 있어야 한다고 기술하고 있다.

호건은 어드레스 시 왼쪽 팔꿈치 전면이 앞쪽을 보도록 하라고 하지만 실제 왼팔의 경우 임팩트 시 왼 팔꿈치 전면은 70~80도 우측을 향하고 있다. 때문에 유명 선수의 어드레스 자세를 봐도 팔꿈치 전면이 70~80도 우측을 향하고 있음을 볼 수 있다. 이런 자세를 취하는 것이 자연스런 어드레스고 왼쪽 겨드랑이도 잘 조여진다. 뿐만 아니라 백스윙을 시작할 때 양팔의 역삼각형이 흐트러짐 없이 유지된다.

오픈스탠스

발의 위치에 따라 타구는 달라진다

02

샷에 따라 발을 벌리는 방법이 다르다. 대충 발을 벌리고 스윙을 하는 게 아니다.

오픈스탠스를 보자. 이 자세는 비구선 보다 오른발이 앞쪽 즉 왼발보다 앞쪽에 있게 된다. 그러면 오픈스탠스는 어떤 때 취하는가.

이 자세는 스윙을 크게 할 필요가 없는 쇼트 아이언 어프로치나 벙커샷을 할 때 유리하다. 그러나 문제도 있다. 오픈스탠스를 취하면 어깨를 충분히 회전시키는데 어려움이 생긴다. 또 헤드업을 하기 쉽다.

볼이 벙커에만 들어가면 오픈스탠스를 취하는 골퍼가 있다. 어프로치샷을 할 때도 마찬가지다. "왜 오픈스탠스를 취하냐"고 물으면 '벙커샷이니까', 아니면 '어프로치샷이니까' 또는 '그렇게 하라는 얘기를 들었으니까 한다'는 식이다.

오픈스탠스를 취하는 이유를 정확히 모르는 것이다. 이렇게

대충 알고 하니까 연습을 해도 효과가 반감된다. 필드에는 죽자 살자 나가는데 실력은 늘지 않고 매일 그 타령인 골퍼들도 이런 범주에 속한다고 보면 틀림없다.

발의 위치에 따라 타구가 달라진다는 사실을 알면 스탠스를 습관적으로 아무렇지 않게 취하지 못할 것이다.

오픈스탠스는 슬라이스가 나기 쉽다는 단점이 있는 반면 혹은 어느 정도 방지할 수 있다. 그런데 이 오픈스탠스를 취할 때 가장 큰 문제는 헤드업이 되기 쉽고 앞서 말 한대로 몸의 회전을 제한 받는다는 점이다.

스윙 궤도는 어깨 회전이 작은 만큼 아웃사이드-인(Outside-In) 경향을 띤다는 점을 염두에 두고 스탠스를 취하는 게 좋다. 또 한 가지 문제는 어깨회전이 불충분해서 일어나는 미스샷을 방지해 보려고 무의식적으로 손목을 사용하는 경향이 강하다는 점이다. 만약 벙커샷이 항상 부정확한 골퍼라면 손목의 롤링 여부를 잘 따져봐야 한다.

오픈스탠스를 취하고 손목의 롤링을 억제하면 볼이 약간 인사이드로 깎여 맞으면서 슬라이스 스핀이 걸려 페이드볼이 돼야 정상이다.

오른손 그립

한 손만으론 공을 멀리 보낼 수 없다

03

골프를 처음 시작할 때를 생각해 보라. 누구나 오른손에 힘을 빼라는 말을 들었을 것이다. 볼을 한 손으로는 멀리 날려 보낼 수 없다. 골프는 '축의 회전운동'이다.

척추라는 축에 매달린 양손의 힘이 같아야 비행기의 프로펠러처럼 축의 원(圓) 운동이 원활히 이뤄진다.

더욱이 몇 십년간 오른손을 주로 사용하던 사람이 볼을 때릴 때, 오른손이 가만히 있을 리 없다. 또한 가만히 있어도 안 된다. 즉, 오른손의 힘을 빼는 게 골프기술을 향상시키는 게 아니다. 오른손의 힘을 잘 쓰는 게 골프 기술이다. 볼을 멀리 보내야 하는데 어떻게 힘없이 가능하겠는가.

물체를 볼 때 두 눈을 사용해야 명확하게 볼 수 있듯이, 볼을 칠 때도 두 손의 힘을 모두 써야 한다. 왼손의 역할처럼 오른손의 역할도 있다.

어드레스 시 오른손의 엄지와 검지가 이루는 Y자는 손잡이

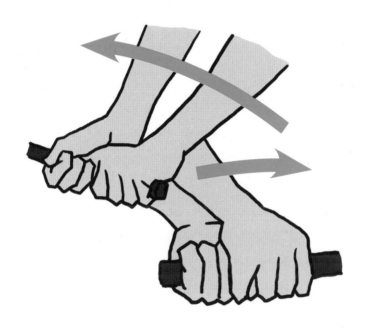

위(12시 방향)에서 눌러주고 제3, 4지는 반대편, 즉 아래(6시 방향)서 눌러줘야 한다.

다시 말해 어드레스 시 오른손의 엄지와 검지가 이루는 Y자는 왼손의 엄지를 위에서 덮어준다. 그 Y자는 골퍼의 우측 어깨를 향하거나 우측 어깨와 목의 중간부위 사이를 향해야 스퀘어그립이 된다.

톱스윙 시는 반대로 왼손의 엄지를 도와서 아래쪽에서 클럽의 손잡이를 받쳐준다. 이 때문에 만일 오른손의 엄지와 검지가 이루는 Y자가 되지 않고 V자가 되면 오른손은 왼손을 도와주지 못하는 결과가 생긴다. 이 결과 그립은 흐트러져 양손의 일체감이 없어진다.

또한 임팩트 직전에 양손이 오른 무릎 앞에 왔을 때는 왼손의 엄지와 오른손의 Y자는 클럽을 아래로 눌러주는 역할을 하게 된다. 이때 오른손의 Y자가 V자가 되면 눌러주는 역할을 못하게 돼 임팩트 시 힘찬 다운 블로(Down Blow)가 되지 못한다.

왜글의 요령 …
클럽을 흔들어라

어깨는 고정, 양팔만 가볍게 흔들어라

04

누구나 샷을 하기 전 버릇이 나온다. 스윙의 예비동작이다. 이는 누구나 갖고 있다. 정도의 차이뿐이다.

왜글(Waggle)도 스윙의 예비동작이다. 예비동작이긴 하나 아주 중요하다. 왜글은 연습스윙의 축소판이기 때문이다. 따라서 왜글만 잘 해도 스코어를 줄일 수 있다.

왜글도 스윙의 일종이다. 따라서 아무렇게나 하면 안 된다. 무턱대고 클럽만 앞뒤로 혹은 전후로 흔들면 안 된다는 말이다. 잘못하면 스윙에 악영향만 미칠 수 있다.

그러면 왜글은 왜 하는가. 왜글의 목적 중 하나는 스윙을 하기 위해 힘이 잔뜩 들어가 굳어진 몸(근육)을 유연하게 풀어줘 자연스런 스윙이 가능하도록 하자는 것이다. 볼을 치기 전에 해보는 사전 점검 과정인 셈이다. 이런 왜글을 가볍게 생각하면 안 하니 만 못하다.

왜글은 어떻게 하는 게 옳은 방법인가. 요령은 이렇다. 우선

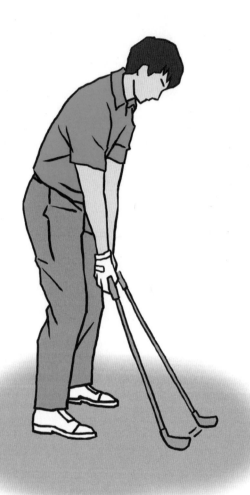

왜글을 하는 동안 어깨가 돌아가서는 안 된다. 이는 아주 중요한 포인트다. 양팔과 손만 움직일 수 있는 크기로 클럽을 가볍게 흔들어 줘야 한다. 왜글을 하는 동안 양팔과 손은, 그 리듬과 조화된 템포를 양다리에 정확하게 전해야 한다. 몸과 어깨는 양팔과 손으로부터 스윙의 리듬을 전달받는 것이 아니라 양다리와 발로부터 전달받아 스윙을 준비하게 된다.

주의할 점은 왜글 시 오른손은 왼손이 컨트롤 하는 대로 따라 움직이면 된다. 클럽을 뒤쪽으로 움직일 때 오른쪽 팔꿈치가 바로 오른쪽 허리 전면에 위치하면 된다. 이때 왼 팔꿈치는 약간 튀어 나오고, 팔꿈치 아래쪽은 조금 비틀려 왼손이 볼에서 3인치 정도 목표를 향해 나가는 형태를 취한다. 왜글을 하는 동안 양팔의 윗부분은 가슴의 양 옆에 밀착시키고 어깨는 회전시키지 않는다.

스윙 전 가볍게 클럽을 흔드는 왜글 한번이 연습스윙 한번과 똑같은 효과가 있다. 정신을 집중시켜 근육이 이를 제대로 읽을 수 있도록 해야 미스샷을 방지할 수 있다.

그립의 종류

슬라이스 · 스퀘어 · 훅

05

클럽을 쥐었을 때 왼쪽 손등이 목표선을 향하는 방향에 따라 세 가지로 분류한다. 그립 시 왼손과 오른손은 서로 마주봐야 스윙 시 같은 방향으로 손을 움직일 수 있다.

• **슬라이스 그립**(Slice Grip)

위크 그립(Weak Grip) 또는 원 너클 그립(One Knuckle Grip)이라고도 한다. 왼 손등이 목표보다 좌측을 향하게 쥔 그립으로 왼손과 오른손의 엄지와 검지가 이루는 Y자(字)의 끝은 턱을 향하거나 턱보다 좌측을 향한다. 골퍼 자신이 이 그립을 하고 손을 보면 왼손 제 2지의 너클이 한 개 보인다. 이 그립은 의도적으로 슬라이스를 내려 할 때 사용한다. 그러나 아마추어 골퍼들이 정상 그립을 했다고 생각하는 것이 슬라이스 그립이다. 따라서 그립 시 반드시 체크하는 게 좋다. 이 그립은 비거리도 안 나고 슬라이스가 난다.

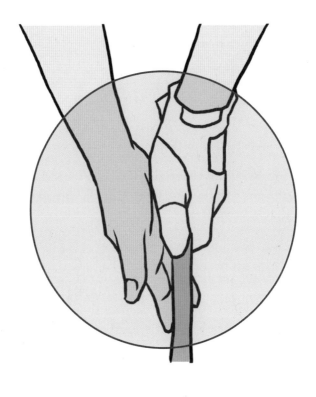

• 스퀘어 그립(Square Grip)

투 너클 그립(Two Knuckle Grip)이라고도 한다. 손등이 목표를 직각(Square)으로 향하고 있는 정상 그립이다. 이때 골퍼의 눈으로 그립을 내려다보면 너클이 두 개 보인다. 이 그립은 직구를 내고자 할 때 쥔다. 양손의 엄지와 검지가 이루는 Y자의 끝은 턱과 우측 어깨 중간지점을 향한다.

• 훅 그립(Hook Grip)

스트롱 그립(Strong Grip) 또는 쓰리 너클 그립(Three Knuckle Grip)이라고 한다. 왼 손등이 목표보다 우측을 향하고 있는 그립으로 양손의 엄지와 검지가 이루는 Y자의 끝이 우측어깨를 향하고 있다. 골퍼가 내려다보면 왼손등의 너클이 3개 정도 보인다.

훅볼을 치려고 할 때 쥐는 그립이며 이 그립을 하면 몸통의 힘을 클럽헤드에 잘 전달할 수 있다. 손이나 팔의 힘이 약한 골퍼나 팔이 짧은 골퍼, 특히 여성골퍼들에게 좋다. 이 그립은 롤링이 잘 되지 않는다. 슬라이스로 고민인 골퍼들도 이 그립을 하면 도움이 된다.

백스윙 …
테이크백은 천천히

빠른 백스윙은 미스샷의 원인이다

06

빠른 스윙은 백해무익이다. 스윙은 리듬이 중요한데, 스윙이 빠르면 이 리듬이 깨지기 쉽다.

스윙이 빠르면 정확한 타격도 힘들다. 일정한 샷을 못하는 골퍼일수록 테이크백을 천천히 하는 게 좋다.

초보일수록 스윙이 빠르기 쉽고 볼을 정확히 때리지 못한다. 스윙이 빠르면 클럽이 볼 뒤쪽 지면을 스치도록 낮게 끌어 올리지 못하고 위로 바로 끌어 올리게 된다.

백스윙이 빠르면 미스샷이 많이 난다. 그 이유는 몸이 미처 따라 돌지 못하고 팔(손)에만 의존하는 스윙이 되기 때문이다. 이런 골퍼는 몸통의 회전이 부족한 상태에서 팔에만 의존한 스윙을 한다. 따라서 비거리에서도 손해를 본다.

흔히 백스윙 시 어깨를 충분히 돌리라고 말한다. 이는 스윙에 힘을 붙여 비거리를 늘리기 위한 것이다.

"백스윙을 천천히 하라"는 것은 어깨를 회전시키기에 절대

적으로 유리하고 각 근육이 사전 준비를 하는데 시간을 갖자는 것이다. 스윙은 어느 한 부분만 잘 됐다고 완성되는 게 아니기 때문이다.

손, 팔, 어깨, 다리 등 신체의 각 부분이 상호 작용해 동시성을 갖출 때 제대로 된 백스윙이 된다.

프로골퍼들의 백스윙이 빠르다고 느끼는 것은 아마추어와 달리 빠르게 스윙을 해도 몸이 잘 따라 돌기 때문에 미스샷이 나오지 않는다.

따라서 무턱대고 프로들의 스윙을 모방해서는 안 된다. 단지 참고만 하는 것으로 실력 향상을 꾀해야 한다.

다운스윙…
시작은 히프

다운스윙의 시작은 히프 회전부터

07

다운스윙은 한마디로 히프(Hip)부터 시작된다. 연속되는 다운스윙에서 히프는 주축이 되는 역할을 한다.

오른쪽으로 쏠렸던 히프를 왼쪽을 향해 풀어 주면서 체중을 왼발로 옮길 수 있는 충분한 측면 운동이 뒤따라야 한다. 이때 히프가 회전하는 궤도는, 백스윙 시 히프가 통과한 궤도와 같지 않다. 바로 이 점에 주의해야 한다. 다운스윙 시 히프가 그리는 궤적은 백스윙 시 보다 커야 정상이다.

그러면 다운스윙의 시작인 히프의 회전은 어떻게 이뤄지는가. 이는 왼쪽 히프의 수축된 근육과 왼쪽 허벅지 근육의 공동 작용에 의해 이뤄진다.

이와 동시에 오른쪽 히프의 근육과 오른쪽 허벅다리의 안쪽 근육은 오른쪽 히프를 앞으로 밀어내는 역할을 한다. 따라서 히프를 회전시키는 힘은 이들 근육이 긴장한데서 나온다. 히프의 긴장도가 크면 클수록 회전도 빨라진다.

흔히 다운스윙의 시작을 '클럽을 쥔 양손을 밑으로 내리는 것'으로 생각하기 쉬우나 잘못 이해하고 있는 것이다. 연속되는 다운스윙의 동작들이 히프의 움직임과 모두 연결돼 있기 때문이다.

양손으로 다운스윙을 시작하게 되면 스윙체계를 무너뜨리고 만다.

직구의 조건

스윙은 볼을 타격 중심에 맞히는 것이 중요하다

08

'스포츠는 폼이 중요하다'는 것은 골프도 예외는 아니다. 일반적으로 스윙이 좋으면 구질도 좋다.

아마추어 골퍼들의 스윙을 보면 천차만별이다. 스윙은 프로 골퍼 뺨칠 정도로 보기 좋은데 구질은 영 아닌 골퍼가 있는가 하면, 구질은 좋은데 스윙은 초보 수준을 벗어나지 못한 사람도 있다. 또 연습장에서 볼을 치는 모습을 보면 영락없는 싱글 골퍼인데, 필드에만 나가면 본색을 드러내고 러프(Rough)로만 다니는 골퍼들도 한 둘이 아니다.

스윙이 좋으면 당연히 구질이 좋아야 할 텐데 무엇이 문제인가? 바로 '직구의 세 가지 조건'을 충족시키지 못하기 때문이다. 스윙은 엉터리인데 볼을 똑바로 날리는 골퍼는 어쨌든 직구의 세 가지 조건을 충족시키는 스윙을 한다는 얘기다.

스윙이 프로 골퍼 못지않게 보기 좋고 구질도 좋다면 금상첨화겠지만 아마추어 골퍼들은 우선 스윙도 스윙이지만 볼이

똑바로 날아가는 스윙이 돼야 한다. 스윙의 궁극적인 목적은 볼을 원하는 목표에 정확하게 보내는 것이기 때문이다.

그러면 직구의 세 가지 조건은 무엇인가.

우선 임팩트 시 클럽헤드가 목표방향을 바로 향해야 한다. 둘째는 임팩트 시 클럽페이스가 목표와 직각을 이뤄야 한다. 셋째는 볼이 클럽페이스의 타격 중심, 즉 스위트 스포트(Sweet Spot)에 맞아야 한다.

이 가운데 어느 한 가지라도 충족되지 않으면 볼은 똑바로 날아가지 않는다. 이 조건 중에서 가장 중요한 것이 임팩트 시 클럽헤드가 목표방향으로 향하는 것이다. 문제는 이 세 가지 조건이 임팩트 순간이라는 극히 짧은 시간에 이뤄지는데다 눈으로 확인이 불가능해 교정이 쉽지 않다는 점이다.

40대 이상 아마추어 골퍼의 경우 주말에만 필드에 나간다고 할 때 나이가 들수록 스윙은 더 엉망으로 변한다. 스윙이 이상해지면 스코어도 나빠지게 돼 있다. 그래서 연습이 필요하다. 이런 골퍼들은 잠시만 클럽을 손에서 놓아도 금방 표시가 난다. 장타보다는 쇼트게임으로 성적을 유지하는 골퍼들은 연습과 실전이 무엇보다 중요하다.

이상적인 피니시 자세

임팩트 후 업라이트로 마무리 하라

09

피니시 동작만 보고도 그 사람의 골프 실력을 대충 짐작할 수 있고 구질도 알 수 있다. 그만큼 피니시 동작은 중요하다.

스윙 후 뒤로 넘어질 듯한 스윙을 하는 사람이 직구를 날렸다면 필경 요행일 것이다. 보통 피니시 동작은 하이 피니시 (High Finish)를 권장한다. 그 이유는 이상적인 스윙, 즉 직구를 날리기 위한 것으로 볼 수 있다.

프로골퍼들도 각기 독특한 스윙 패턴이 있지만 아마추어골퍼들은 거의 100% 제각각이라고 봐도 틀림없다. 그러나 이렇게 다양한 스윙을 하는 골퍼들도 한 순간만은 똑같아야 한다. 체격에 따라서도 스윙 형태는 다를 수밖에 없다. 하지만 백스윙을 해서 몸을 감았다가 임팩트가 이뤄지는 다운스윙의 말기부터는 골퍼의 체격이나 스윙 폼에 상관없이 똑같아야 한다. 바로 클럽헤드를 목표에 향하게 하는 것을 오래도록 유지해야 한다. 그래야 볼이 똑바로 날아간다.

다시 말해 스윙의 우반(右半)은 충분히 감았다가 좌반(左半, 임팩트부터 그 이후의 동작)의 동작은 업라이트(Upright) 해야 정확도가 높은 구질을 얻을 수 있다는 얘기다.

흔히 골프관련 서적을 보면 '스윙의 우반이 높아야 하느니' '좌반이 높아야 하느니' 등등 의견이 분분하다. 하지만 가장 중요한 것은 우반의 스윙이 높고 낮은 것이 아니라 좌반의 동작을 업라이트하게 끝맺어야 한다는 것이다.

우반은 그저 몸을 감아주기만 하면 그 역할이 끝난다. 그 이유는 직구의 다음 3가지 요건을 알면 이해할 수 있다.

첫째, 임팩트 시 클럽페이스가 볼과 직각으로 맞아야 한다.

둘째, 임팩트 시 볼은 클럽페이스의 타격중심이 맞아야 한다.

셋째, 클럽헤드는 임팩트 시 홀(목표)을 향해 일직선을 이뤄야 한다.

이 요건 중에서 가장 중요한 것은 세 번째인 클럽헤드의 운동방향이다. 스윙의 우반은 뚱뚱하거나 깡마른 체형에 따라 업라이트 또는 플랫(Flat)한 스윙이 나올 수 있다. 하지만 좌반은 신체 구조적인 것과 무관하다.

헤드업

스윙 중 머리의 움직임은 필연적이다

10

스윙이 좋아야 좋은 샷을 날릴 수 있다. 구력이 오래 된 아마추어골퍼의 경우 스윙은 엉망인데 샷을 똑바로 잘 하는 경우도 있기는 하다. 이는 연습과 실전이 뒤받침 되기 때문에 가능한 것이다.

골프는 스윙 축을 중심으로 한 좌우 회전운동이다. 스윙 축은 척추를 중심으로 해서 위로는 제1 흉추이고, 아래로는 발이기 때문에 스윙 중 양어깨의 중심인 제1 흉추를 움직이지 않고 발의 중심이동을 잘하는 것이 좋은 스윙이다.

죽어라 연습을 하는데도 실력이 늘지 않는 골퍼는 머리의 동작이 잘못돼 있지 않나 한번 의심할 필요가 있다. 머리 동작이 잘못되면 어깨회전이 잘 되지 않고 스윙 시 볼을 잘 볼 수 없기 때문에 정확한 임팩트나 장타가 나올 수 없다.

머리를 움직이지 않으면 움직이지 말아야 될 제1 흉추를 움직여 스윙 축이 흔들리고 어깨는 70도 밖에 감지 못한다.

톱스윙 시 얼굴이 오른쪽으로 20~40도 돌아가면 머리끝은 5~10cm 오른쪽으로 이동한다. 이는 어드레스 시 흉추와 연결돼 있는 경추는 약 20도 앞으로 굽혀진 자세를 취하기 때문이다.

즉 흉추와 경추가 일직선 상태에서 백스윙을 한다면 얼굴이 톱스윙 시 오른쪽으로 돌아가도 머리끝의 이동은 없을 것이다. 그러나 머리가 앞으로 약간 숙여진 상태이기 때문에 얼굴의 오른쪽 이동은 머리 끝부분의 이동을 수반한다.

스윙 중 머리를 약간 움직이고 얼굴을 약간 돌리는 것이 스윙의 윤활유 역할을 한다. 때문에 머리를 움직이지 말라고 하는데 너무 신경 쓸 필요는 없다. 머리의 움직임에 너무 신경을 쓰면 스윙 전체를 망칠 수 있다.

신체구조상 어쩔 수 없는 헤드업까지 하지 않으려고 하는 것이야말로 아마추어골퍼들이 실력을 향상시키지 못하는 원인 중에 하나라는 사실을 알아야 한다.

정교한 샷을 위한 노하우

어드레스 시 팔의 위치

오른쪽 팔꿈치는 몸 밖으로 벗어나지 말아야

11

그립과 어드레스를 골프에서 가장 쉬운 것으로 생각하는 경향이 있다. 물론 잘못된 것이다.

어드레스를 잘못하면, 그 이후 스윙이 아무리 좋아도 생각했던 구질을 얻을 수 없다. 어드레스가 그립을 잡은 양팔을 무조건 뻗는다고 되는 게 아니라는 말이다.

양팔의 안쪽 움푹 들어간 곳(팔꿈치의 반대편)이 서로 마주보게 하면 안 된다. 하늘을 보도록 해야 바른 어드레스 자세다. 이같이 기본자세를 취한 다음 오른쪽 팔꿈치가 몸 밖으로 벗어나지 않도록 하면 팔과 관련된 어드레스 자세는 끝난다.

신경이 쓰이는 오른쪽 팔꿈치는 어드레스 자세가 제대로 취해졌다면 몸에 가까이 붙인 채로 구부릴 수 있다.

백스윙 초반에 오른쪽 팔꿈치는 거의 움직이지 않는 상태를 유지한다. 백스윙 전반부에 오른쪽 팔꿈치를 옆으로 밀쳐 내도 안되고, 오른쪽을 따라 뒤로 끌어 당겨도 잘못된 것이다.

몸에 붙어 있는 한 오른쪽 팔꿈치는 항상 지면을 향한다. 이때 오른팔 상부는 가슴에 밀착된 상태를 보여야 제대로 된 것이다. 스윙 중 오른팔과 왼팔의 역할이 각기 다르므로 양팔이 똑같이 쭉 펴지는 순간은 한 차례 밖에 없다.

임팩트 직후 클럽헤드가 볼이 놓여 있던 곳을 약 30cm 지점을 통과하는 시점에 오른팔과 왼팔이 동시에 펴진다. 따라서 왼팔을 쭉 펴는 것에 너무 신경을 쓰다보면 오른팔도 무의식중에 펴져 일정하게 유지해야 될 스윙궤도를 망치게 된다.

구질과 어드레스 관계

핸드다운, 슬라이스 구질에 효과

12

어드레스는 구질에 영향을 미친다. 역(逆) K자형 어드레스는 전면에서 보았을 때 왼팔이 일직선으로 펴져 있기 때문에 백스윙 시 양팔이 이루는 삼각형을 그대로 유지하면서 어깨만 돌리면 된다. 불필요한 손목의 움직임을 억제하는 효과가 있다. 골퍼들이 흔히 사용하는 방법이다.

왼팔을 일직선으로 폈을 때 쇼트 아이언은 볼이 몸의 중앙에 온다. 전면에서 보았을 때 쇼트 아이언의 그립은 왼쪽 허벅지 안쪽에 놓는다. 드라이버는 왼쪽 허벅지의 중간지점에 그립이 놓이는 것이 정상이다.

어드레스 시 그립을 옆에서 보았을 때 팔과 클럽이 이루는 각도는 약 20도다. 이때 각도가 너무 크면 그립이 몸 쪽에 너무 가까워지는데 이를 '핸드다운(Hand Down)'이라고 한다. 이렇게 되면 훅 성의 구질이 발생하기 쉽다. 슬라이스 구질이 고민이라면 핸드다운이 좋다.

반대로 팔과 클럽이 이루는 각도가 아주 작거나 일직선이 되면 손이 몸에서 너무 떨어지며 겨드랑이는 달라붙지 않고 어깨에서 떨어지는데 이를 '핸드 업(Hand Up)'이라고 한다. 이 경우는 슬라이스를 조심해야 한다.

어드레스 시 긴 클럽을 쥐고 있으면 그립은 왼쪽 허벅지에서 주먹 2개 정도 들어갈 간격으로 떨어지게 되는 게 가장 자연스런 어드레스다.

쇼트 아이언은 주먹 한 개가 들어갈 정도면 된다. 따라서 슬라이스 때문에 고생하는 골퍼라면 클럽을 바꾸려고 할 게 아니라 그립을 쥔 손만 올렸다 내렸다 하면 되는 핸드다운 어드레스를 한번 취해 보는 게 좋다. 혹 성 구질이라면 핸드 업 어드레스 자세를 취해 보는 게 요령이다.

슬라이스나 혹을 완전히 바로 잡지는 못할지라도 이렇게 해서 어느 정도 바로잡게 되면 골프의 묘미가 배가될 것이다.

백스윙 시 오른발과 무릎

무릎 5~10도 우회전, 동시에 뒤로 5~10cm 이동

13

백스윙 시 오른쪽 발과 무릎의 역할은 중요하다. 스윙은 발도 팔만큼 중요하기 때문이다.

스윙도 힘이 들어가는 운동이다. 이때 힘의 근원은 발로부터 나온다. 축구는 물론이고 권투에서도 KO펀치는 팔이나 손의 힘이 아니라 발에서 나오는 것이다. 체중이 발에 실린 뒤 뻗는 펀치여야만 강타가 나온다.

골프도 마찬가지로 스윙을 할 때는 양팔을 휘두르지만, 그 양팔을 휘두를 때 받쳐주는 것은 발이다. 발의 버팀과 체중이동에서 힘이 나온다.

백스윙 시 무릎은 움직이고 꼬여야 한다. 단지 움직이는 방향이 문제다. 백스윙을 크게 하면 무릎관절도 5~10도는 우측으로 회전된다. 백스윙을 돕기 위한 것이다. 이때 후방으로 5~10cm 이동한다.

다시 말해 백스윙 시 무릎은 5~10도 우측으로 회전되는 동

시에 후방으로 5~10cm 움직여야 정상이다. 이 움직임을 제대로 해야 백스윙을 원활하게 할 수 있다.

백스윙이 무너지는 골퍼들은 오른발 무릎이 이렇게 움직이지 않고 오른쪽으로 밀리는 스웨이(Sway) 현상이 나타난다. 이를 방지하기 위해서는 스윙 시 힘을 빼는 것이 중요하다. 무릎에 힘을 빼고 유연성을 유지해야 한다.

만약 오른쪽으로 밀리는 스웨이가 되었다는 것은 위에서 말한 5~10도, 5~10cm 움직임이 되지 않다는 것을 의미한다. 프로골퍼들의 백스윙을 자세히 보면 거의 모두 무릎이 뒤로 움직이는 것을 볼 수 있는데, 다 이 때문이다.

백스윙 시 '오른쪽 무릎이 뒤로' 이동해야 '오른쪽으로 밀리지 않는다'는 것을 염두에 둬야 한다. 이를 알고 백스윙을 하면 스웨이는 금방 바로 잡을 수 있다. 이때 주의할 것은 약간 굽힌 무릎이 펴져서는 안 된다는 점이다. 무릎이 펴지면 유연성이 떨어져 백스윙 시 제대로 몸을 꼴 수 없게 된다.

무릎이 이동하는 체중을 지탱하면서 5~10도 움직이고 회전할 수 있는 것은 바로 약간 굽혀 유연성을 유지하기 때문이다.

벙커샷의 매커니즘

하체를 고정하고 팔의 움직임에 맡겨라

14

정확한 샷을 하고 싶은가. 그러면 몸을 최대한 움직이지 말아야 한다.

퍼팅을 하면서 하체를 움직이는 사람은 없다. 퍼팅 시에는 하체의 체중이동이 필요 없기 때문이다. 굳이 힘을 들여 퍼팅을 할 필요가 없다는 얘기다.

골프에서 가장 정확도가 요구 되는 샷(스트로크)은 퍼팅이다. 따라서 정확도를 높이려면 될 수 있는 대로 하체를 움직이지 않는 게 좋다는 뜻이다.

벙커샷도 마찬가지다. 하체의 움직임을 최소화하며 샷을 날려야 하기 때문에 상체만을 움직이는 가운데 스윙을 해야 하는 특징이 있다.

실제로 연습을 해보면 알겠지만 하체를 고정한 채 백스윙을 하면 어깨회전보다는 양팔이 위로 많이 움직이게 되면서 아웃사이드-인(Outside-In)의 스윙궤도가 그려진다. 벙커샷에서

요구하는 스윙궤도가 자연스럽게 나오는 것이다.

또 하체의 움직임과 어깨의 회전이 비교적 적은 상태의 백스윙이기 때문에 임팩트와 폴로스루(Follow Through)는 인사이드로 빠지게 된다. 골퍼라면 누구나 "벙커샷은 아웃사이드-인으로 하라"는 말을 들었을 텐데 바로 이런 이유 때문이다.

대부분의 골퍼들은 벙커샷을 아웃사이드-인으로 하라고 하니까 무턱대고 이 스윙궤도를 그리기 위해 애를 쓰지만 일부러 그렇게 할 필요가 없다.

앞서 말 한대로 하체와 어깨의 회전을 적게 하면 아웃사이드-인의 스윙궤도는 저절로 그려진다. 아마추어골퍼들이 벙커샷이 어렵다고 하는 것은 이런 스윙의 메커니즘을 잘 모르고 클럽을 휘두르기 때문이다.

벙커에 볼이 들어가면 미리 겁부터 먹는다. 한번에 탈출하지 못할까 두려워한다. 또 볼을 홀에 붙여야 한다는 생각을 한다. 욕심이다. 이러 저런 생각이 벙커샷을 어렵게 만든다.

그냥 하체를 고정하고 팔의 움직임에 맡기면 샌드웨지의 특성상 볼은 탈출하도록 되어 있다.

백스윙 시 중심이동

발의 꼬임이 없으면 어깨 회전은 한계가 있다

15

백스윙 시 중심이동과 머리는 골칫거리다. 백스윙 시 머리를 움직이지 않고 중심이동을 할 수는 있다. 하지만 문제가 있다. 이때 허리나 허벅지 그리고 무릎이 오른쪽으로 스웨이 (Sway)이 되는 것이다. 이들 신체 부분의 스웨이도 없고 머리도 움직이지 않으면서 중심이동을 할 수는 없다. 그래서 골프가 어렵다.

무릎이나 허벅지, 허리를 오른쪽으로 스웨이하면 스윙에 나쁘다. 또 머리를 움직여도 스윙이 좋지 않다. 그런데 중심이동은 해야 한다.

이런 문제를 이해하기 위해서는 우리의 신체 구조적 특성을 알아야 한다. 신체 구조상 이 두 가지(머리도 움직이지 않고 스웨이도 하지 않는 상태)를 하지 않으면서 중심이동을 할 수 없도록 되어 있다. 물론 머리를 심하게 움직이면 제대로 된 스윙을 할 수 없다. 처음 골프를 배우는 사람이라면 머리를 심하게 움직

여서는 안 된다. 그러나 너무 머리 움직임에 신경을 써도 스윙이 부자연스럽게 된다.

이 해결책은 바로 발의 비틀림이다. 백스윙 시 오른쪽으로 중심이동은 반드시 발의 비틀림 현상을 수반해야 가능하다. 그 이유는 적어도 어깨를 90도 이상 돌려야 하기 때문이다.

해부학적으로 등뼈 12개, 허리뼈 5개로는 45도 이상의 회전이 불가능하다. 발의 꼬임(비틀림)이 없이는 어깨를 90도 이상 회전시킬 수 없다.

어깨를 오른쪽으로 90도 이상 회전시키기 위해서는 오른쪽 중심이동과 오른발의 꼬임이 동시에 일어나야 한다.

오른발의 중심은 톱스윙 시 오른쪽으로 몸통이 꼬였기 때문에 오른쪽 발뒤꿈치에 와 있어야 한다.

백스윙 시 크게 회전하기 위해서는 왼발 뒤꿈치를 약간 드는 골퍼도 있고, 들지 않는 골퍼도 있는데, 이때 무릎은 45도 방향으로 회전한다.

백스윙 시 왼발 뒤꿈치를 '들지 말라'는 사람도 있고 '들어도 괜찮다'는 사람도 있는데 이는 아무 상관없다. 어떤 형태를 취하든 크게 문제될 건 없다.

양손과 히프 높이

다운스윙의 시작은 팔이 아닌 히프의 회전

16

스윙을 힘으로 하려는 골퍼들이 있다. 거리를 좀 더 내기 위해서다.

비거리가 나면 정확도는 그 만큼 떨어진다. 그래도 골퍼들은 정확도보다 비거리를 선호한다. 그러면 스윙 중 최대의 힘이 얻어지는 순간은 어느 때인가.

우리는 흔히 임팩트 시라고 알고 있다. 하지만 이는 잘못 알고 있는 것이다. 사실은 다운스윙 시 양손이 히프(Hip) 높이에 왔을 때다.

임팩트는 이 힘을 이용해 볼을 날리는 것에 불과하다. 다시 말해 임팩트가 최대의 힘을 얻는 순간은 아니다. 볼은 양손이 히프 높이에 왔을 때 얻은 힘으로 보낸다고 생각하면 된다. 이 시점은 또 히프가 오른쪽으로 회전했다 원상태로 되돌아온 시점과 일치한다.

아마추어골퍼들의 실수는 히프의 움직임과 관계가 깊다. 다

운스윙 시 히프를 너무 빨리 회전시켜도 미스샷이 난다.

팔로 볼을 때린다는 지적을 받는 골퍼들은 다운스윙의 시작을 히프의 회전이 아닌 팔을 끌어 내리는 동작으로 하기 때문에 돌이킬 수 없는 미스샷을 낸다. 다운스윙의 시작은 팔이 아닌 히프의 움직임으로 시작하는 것이다.

히프가 회전하지 않고 양팔과 손을 이용하는 다운스윙은 상반신 전체가 스윙 축에서 벗어나는 결과를 초래한다.

상반신이 축에서 벗어나면 클럽을 아웃사이드-인으로 끌어치는 격이 돼 슬라이스가 발생한다.

슬라이스가 나는 골퍼들은 다른 원인도 있지만 다운스윙 시 히프가 먼저 움직이지 않고 양손과 팔이 먼저 움직이는지 확인할 필요가 있다.

스윙 시 양손이 히프 높이에 오는 순간만 제대로 되면 이어지는 다음 동작은 볼을 때리는 동작이므로 역시 몸의 움직임에 맡기면 된다. 임팩트 이후의 동작도 마찬가지다.

다운스윙 시 스윙이 너무 빨라 양손이 히프높이에 왔을 때 회전했던 히프는 원상태를 보여야 하나 왼쪽으로 이미 회전한 상태를 보이는 골퍼들도 있다. 이 경우도 임팩트 시 클럽페이스가 볼을 직각으로 때리지 못하게 되므로 미스샷이 나온다.

톱스윙과 발의 자세

머리는 필연적으로 움직인다

17

톱스윙 시 스웨이는 돌이킬 수 없는 결과를 초래한다. 스윙 전체가 아주 짧은 시간에 이뤄지기 때문에 어떻게 손쓸 수 있는 시간도 방법도 없다. 원칙대로 하는 수밖에….

톱스윙은 백스윙의 끝과 다운스윙의 시작을 연결하는 순간적인 자세다. 체중은 대부분 오른발 쪽에 실리게 된다. 이는 테이크 어웨이(Take Away), 즉 양손이 오른쪽으로 가기 때문에 그 무게로 인해 자연스럽게 이뤄지는 동작이다. 양팔과 클럽의 무게 때문에 오른쪽 발에 체중이 실린다는 것은 지극히 자연스런 중심이동(Weight Shift)인 것이다. 이는 야구나 탁구, 정구 등의 백스윙과 다를 바 없다.

몸을 움직일 수 있는 정도의 사람이라면 탁구나 정구 등은 쉽게 배울 수 있는 것을 보더라도 골프 역시 쉽게 배울 수 있는 소질을 갖고 있다는 것을 의미한다. 우리가 어릴 적부터 익힌 운동의 중심이동을 그대로 적용하면 되기 때문이다.

그런데도 아마추어골퍼의 90% 이상은 이 체중이동이 제대로 되지 않아 애를 먹는다. 그 이유 중 하나는 "머리를 들지말라" 또는 "볼을 똑바로 보라"는 레슨 때문이다.

누구를 붙들고 물어봐도 골퍼들이 가장 많이 실수 하는 것이 '헤드업'이라고 말한다. 하지만 여기서 말하는 "머리를 들지 말라"는 것은 '지나치게 들지 말라'는 의미로 받아 들여야 한다.

머리를 움직이지 않고 중심이동을 하려면 필연적으로 허리나 허벅지, 무릎이 오른쪽으로 스웨이 돼야 중심이 오른쪽으로 이동된다.

볼을 제대로 타격하려면 스웨이가 일어나지 말아야 한다. 머리를 들지 말라고 하는 것은 이와 상치되는 것이다. 스윙 중 머리는 필연적으로 움직이게 되어 있다. 이를 인정하고 스윙하면 한결 쉬워질 것이다.

헤드업과 미스샷

헤드업은 정도의 문제다

18

"헤드업을 고치는데 3년은 걸린다"는 말이 있다. 그 만큼 대책이 없다는 뜻일 것이다.

아마추어골퍼들은 헤드업이라면 기겁을 한다. 골프클럽을 처음 잡을 때부터 가장 먼저 듣는 말이 아마 헤드업이 아닌가 생각한다. "스윙 중 머리를 들지 말라"는 말을 누구나 귀가 따갑도록 들었을 것이다.

사실 자신도 모르는 사이에 머리를 번쩍 번쩍 드는 골퍼들이 있다. 이 바람에 일순간 스윙을 망치는 일도 자주 본다.

그러나 헤드업은 정도의 문제다. 누구나 헤드업을 할 수 밖에 없다. 신체 구조상 그렇다. 따라서 헤드업과 목을 따로 떼어 놓고 얘기할 수 없다.

사실 목은 머리를 받치고 있기 때문에 아주 중요하다. 톱스윙 시 목은 어깨가 90도 이상 회전한 상태에서는 고정하기 힘들다. 이게 바로 문제다. 이는 톱스윙 시 머리가 움직이기 쉽

다는 것을 의미하기 때문이다.

　신체구조상 목은 최대한 회전한다 해도 70도 이상은 불가능하다고 한다. 따라서 그 이상 회전하게 되면 어쩔 수 없이 목도 따라 회전해야 하기 때문에 머리도 움직일 수밖에 없다. 바로 여기서 헤드업이 필연적으로 뒤따른다. 그래서 스윙 중 머리를 움직이지 말라고 하는 것은 사실상 불가능하다.

　결국 무조건 헤드업을 방지하는 것보다 '어떻게 적게 움직이면서 스윙을 하느냐'가 더 중요하다.

　프로골퍼의 스윙을 자세히 살펴봐도 어깨를 90도 이상 회전한 상태에서 볼을 똑바로 쳐다보는 경우는 거의 없다.

　볼을 어드레스 시와 같이 똑바로 쳐다보는 것처럼 보여도 사실은 왼쪽 눈으로 볼을 비스듬히 쳐다 볼 뿐이다.

　어깨가 90도 이상 회전하면 목이 따라 움직여 머리도 움직이게 되므로 얼굴이 어드레스 시 보다 20~30도 돌아가기 때문에 생기는 현상이다.

　따라서 어깨를 70도 이상 회전하지 않은 상태에서 헤드업을 하는 것은 금해야 한다. 또 어깨를 90도 이상 회전하더라도 머리의 움직임을 최소화하는 스윙이 필요하다. 무조건 헤드업하지 말라는 것은 스윙을 더욱 어렵게 할 뿐이다.

스윙 중 양팔의 자세

오른팔 겨드랑이는 조여라

19

골프에서 오른팔도 왼팔 못지않게 중요하다. 아마추어골퍼들은 왼팔의 중요성을 너무 강조하는 스윙을 하는 경향이 있다.

오른팔은 스윙에 별로 도움이 되지 않는다는 것. 또 오른팔이 미스샷과 깊은 관련이 있다는 인식을 갖고 있다. 그러나 이는 잘못된 것이다.

오른팔도 왼팔 만큼 스윙에서 차지하는 비중이 크다. 오히려 오른팔의 작용이 왼팔보다 더 중요하다고 말하는 사람도 있다.

왼팔은 스윙 중 쭉 펴진 상태를 유지하기 때문에 팔꿈치의 작용이 별로 없다. 왼팔은 어깨 관절과 양 손목을 꺾는 코킹(Cocking)의 두 가지 동작이 있다. 하지만 오른팔은 어깨 관절과 왼 손목 동작은 물론 오른쪽 팔꿈치 동작(굽힘과 펴짐)이 더 있기 때문에 왼팔보다 동작이 더 복잡하다. 오른팔의 움직임에 따라 플랫(Flat), 업라이트(Upright), 스퀘어(Square) 스윙이 결정된다.

따라서 오른쪽 어깨의 겨드랑이는 조이고 오른쪽 팔꿈치는 오른쪽 바지선의 '시계주머니'를 향해야 한다. 그래야만 백스윙 초기에 오른 팔꿈치가 뒤로 빠지지 않는다. 또한 백스윙의 중간에 팔꿈치가 기능적으로 쉽게 굽혀지기 때문이다.

늘 일정한 샷이 안 되는 골퍼들은 백스윙이 안정되어 있지 못한 경우가 많다. 이는 오른팔의 작용이 잘못되어 있기 때문에 발생하는 것으로 너무 왼팔에만 의지하는 스윙을 하는 결과다.

처음 골프를 배우는 사람들은 스윙궤도가 일정하지 않아 왼팔로 볼을 치라는 주문을 받게 되는데 이를 끝까지 고수하기 때문에 나쁜 결과가 생기는 것이다.

골프를 처음 배울 때야 거리나 방향에 상관없이 볼을 맞추는 것이 급선무여서 왼팔이 주도하는 스윙이 도움이 된다. 하지만 나중에는 오른팔의 작용이 더 중요하다는 것을 인식해야 한다.

체중이동의 요령

양발 가볍게 딛고 어깨, 손은 자연스럽게 이동

20

체중이동(중심이동)은 축을 중심으로 좌우로 움직인다. 오른쪽으로 움직인 중심은 왼쪽으로 다시 움직여야 한다. 그 시작은 투수가 왼발을 내딛는 동작과 같다. 투수가 왼발에 힘을 싣는 것으로 이해하면 된다.

클럽을 쥔 손은 볼을 잡은 투수와 마찬가지로 왼발을 내딛은 다음 뛰 따라 움직여야 한다. 만약 클럽을 쥔 손이 먼저 움직이면 체중이동(중심이동)이 제대로 되지 않는다. 이는 팔로볼을 치는 아주 나쁜 결과를 가져온다.

어드레스부터 백스윙의 시작인 테이크 어웨이(Take Away)까지는 아주 짧은 시간이지만 골퍼에 따라 다양한 동작이 나타난다.

예를 들면 발을 구르는 사람, 엉덩이를 좌우로 흔드는 사람, 목을 좌우로 흔드는 사람, 목에 힘을 주고 볼을 노려보는 사람, 팔과 어깨의 힘을 빼기 위해 흔드는 사람, 그립을 쥐었다

놓았다 하는 사람, 클럽헤드를 들었다 놓았다 하는 사람 등 다양하다. 이는 '볼이 제대로 맞지 않으면 어떻게 하나' 하는 정신적인 불안감에서 나오는 동작이다. 이것이 습관화되면 꼭 이 동작을 해야 스윙을 제대로 하게 된다.

중심을 양발에 놓고 어깨와 팔을 오른쪽으로 움직이면 오른쪽으로 무게중심이 옮겨진다. 일부 아마추어골퍼들은 백스윙 전에 미리부터 오른발과 허리에 잔뜩 힘을 줘 자연스런 체중이동을 방해한다. 따라서 이렇게 시작이 잘못되면 다운스윙 시 왼쪽으로 중심이동이 되지 않는 상태에서 볼을 때리게 된다. 또는 볼을 때리고 나서 뒷걸음질을 치게 된다.

체중이동은 발을 가볍게 버티고 어깨와 손을 자연스럽게 오른쪽으로 움직이는 것으로 시작된다는 사실을 깨달아야 한다. 이를 무시한 의도적인 체중이동은 스윙만 망칠 뿐 전혀 도움이 되지 못한다.

'폼'나는 스윙을 위한 디테일

백스윙 시 다리의 움직임

왼쪽 무릎은 몸통회전 따라 우측으로 이동

21

스윙 시 몸의 움직임을 체크하는 것은 기본이다. 스윙의 각 단계에 따라 몸의 움직임은 다르다. 신체 각 부문의 역할도 물론 다르다. 스윙 시 우리 몸은 '버티는 부분'이 있는가 하면 '풀어지는 부분'도 있다. 아무리 처음 스윙을 하는 사람도 이를 느낄 수 있다.

처음 스윙을 하는 사람이라고해서 백스윙 시 양쪽 다리를 그대로 버티고 선 상태를 보이지는 않는다.

초보자에게 잘해보라고 이것저것 지적해 주고 본인 스스로도 잘해보려고 의식하는 순간부터 처음 클럽을 휘두를 때와 같은 스윙이 나오지 않는다. 스윙이 어딘가 부자연스럽게 되는 것이다.

백스윙 시 왼쪽 다리는 히프가 오른쪽으로 회전하면서 양쪽으로 끌어 당겨진다. 왼쪽 무릎은 오른쪽으로 굽어들고, 왼발의 발바닥 안쪽은 오른쪽으로 끌려와 왼쪽 다리의 체중이 엄

지발가락 안쪽으로 이동한다.

이때 발의 움직임은 몸통의 회전에 따라 다리의 안쪽으로 끌어 당겨지는 데 맡겨야 한다. 이 과정에서 왼발 뒤꿈치가 들리는 사람도 있다. 뒤꿈치가 들리든 들리지 않든 상관없다. 편한대로 하면 된다. 이는 '왼쪽 무릎을 안쪽으로 얼마나 굽히느냐'에 따라 달려 있는 것으로 큰 문제되지 않는다.

만약 백스윙이 제대로 됐다면 왼발 뒤꿈치가 1인치 미만으로는 얼마가도 올라가도 아무런 문제가 없다. 단지 백스윙이 제대로 되지 않은 상태에서 왼발 뒤꿈치를 드는 것은 피해야 한다.

오른쪽 다리의 움직임은 필연적으로 두 가지로 나타난다. 하나는 백스윙 시 체중이 오른쪽으로 이동하면서 오른쪽 다리가 밖으로 밀리는 스웨이 현상이다. 다른 하나는 어드레스 시 약간 굽혔던 무릎이 펴지는 것이다.

오른쪽 다리의 이 두 가지 움직임은 스윙궤도를 좌우상하로 마구 움직이게 만들어 일정한 스윙이 되지 못하도록 만드는 주범이므로 각별히 주의해야 한다. 볼을 칠 때마다 구질이 다른 골퍼도 백스윙 시 오른쪽 다리의 움직임에 문제가 있을 수 있다.

벙커샷과 오픈스탠스

상체 놔두고 팔이 주도하는 스윙해야

22

골퍼에게 벙커는 기분 나쁜 존재다. 티박스에 섰는데 두 번째 샷 지점에 벙커가 입을 벌리고 있다면 부담이 된다. 어프로치를 해야 하는데 그린 앞에 벙커가 도사리고 있다면 볼을 높이 띄워 그린에 안착시켜야 하는 기술이 필요하다.

벙커샷을 잘하는 프로골퍼도 일단 볼이 벙커에 들어가면 최소한 0.5타는 손해 보게 마련이다. 프로골퍼들이 이럴진대 아마추어골퍼야 적어도 1타의 손해를 감수해야 한다. 장애물인 벙커에 볼이 들어간 것은 정확하지 못한 샷에 대한 대가이므로 누구를 탓할 일이 아니다.

또 항상 정확한 샷을 날린다는 것은 불가능하기 때문에 벙커샷을 잘 하는 방법을 터득하는 길밖에 없다. 만약 볼이 벙커에 들어간 사람이나 페어웨이에 있는 사람이나 똑같다면 골프가 얼마나 재미없겠는가.

많은 아마추어골퍼들은 볼이 벙커에 들어가면 일차적으로

오픈스탠스를 취해야 하는 것으로 알고 있다. 그런데 왜 오픈 스탠스를 취해야 하는 지는 잘 모른다.

벙커샷은 하체를 고정한 채 팔이 주도하는 샷을 하는 것이다. 이런 샷을 하려면 하체의 움직임과 어깨의 회전을 최소화할 수 있는 자세가 필요한데 이때 도움이 되는 것이 오픈스탠스이기 때문이다.

즉 오픈스탠스를 취하면 백스윙 시 어깨의 회전이 제한 받는다. 어깨를 돌리고 싶어도 잘 돌릴 수 없는 자세가 된다. 다시 말해 팔이 주도하는 스윙이 되기 쉽다는 얘기다. 아웃사이드-인의 벙커샷은 하체를 고정한 채 양팔이 주도한 스윙의 결과일 뿐이다.

볼 끝까지 보면 스윙 망치기 쉬워

볼은 곁눈질 하듯이 쳐다봐라

23

스윙을 하기 위해서는 눈으로 볼을 봐야 한다. 볼을 보긴 봐야 하는데 참 힘들다.

보통 스윙 중 '볼을 끝까지 보라'고 한다. 하지만 볼을 끝까지 보면 스윙이 제대로 될 수 없다.

스윙 시 볼을 끝까지 쳐다보면 필연적으로 목이 굳어진다. 이를 너무 신경 써도 마찬가지다. 목이 굳어지면 백스윙 시 어깨회전이 자유롭지 못하다. 다시 말해 백스윙이 충분히 되지 않는다.

앞서 지적한 바 있지만 백스윙 시 어깨를 90도 돌리기 위해서는 톱스윙에 가까워지면서 목과 머리가 20~40도 오른쪽으로 회전해야 한다.

머리가 우회전하면서 눈도 따라 회전하게 되어 있다. 이 까닭에 백스윙 중반 이후 눈은 마치 볼을 곁눈질 하듯이 쳐다보는 것이 정상이다.

우리가 걷거나 차를 타고 가면서도 사물을 볼 수 있듯이 백스윙 시 눈이나 얼굴이 움직이면서도 볼은 잘 볼 수 있다. 그래서 '볼을 끝까지 쳐다보라'는 레슨은 스윙을 망치는 결과를 빚기 쉽다.

신체구조상 어쩔 수 없이 움직일 수밖에 없는데도 이를 인위적으로 막으려고 하니까 목이 굳어지고 어깨가 돌아가지 못하는 부작용을 낳는 것이다.

따라서 머리를 움직이지 않는 것 보다 스윙 축의 중심이 되는 제1 흉추를 움직이지 않는 것이 중요하다. 즉 가슴을 좌우전후로 움직이지 않는 것이 스윙에 더 도움이 된다는 얘기다.

우리의 두 눈은 서로 똑같은 역할과 기능을 하는 것이 아니다. 하나는 사물의 방향을 보고 다른 하나는 거리를 맞추는 역할을 한다.

방향을 보는 눈을 마스터 아이(Master Eye)라고 한다. 이는 사람에 따라 오른쪽 일수도 있고 왼쪽일 수도 있다.

마스터 아이가 어느 쪽인가를 알아보기 위해서는 두 눈을 뜨고 먼 곳에 있는 특정한 사물을 엄지와 검지로 원을 만들어 그 안으로 사물을 본다. 그 다음 어느 한쪽 눈을 감으면 손가락의 원안에 사물이 보일 때 그 눈이 마스터 아이다.

스윙 시 풋워크의 중요성

다운스윙 · 임팩트 시 왼발은 수직으로

24

골프도 발놀림, 즉 풋워크(Foot Work)가 중요하다. 스윙 중 발놀림을 제대로 하지 않고는 실력을 향상시킬 수 없다. 골프도 권투처럼 발놀림이 큰 몫을 차지한다.

통계를 보면 엄밀한 의미에서 아마추어골퍼의 90% 이상이 풋워크를 잘못하는 것으로 나와 있다.

골프를 "팔로 친다"는 말을 자주 들었는데 "발로 친다"는 말은 듣지 못했을 것이다. 실제로 "골프는 발로 치라"는 말이 있을 정도로 풋워크가 차지하는 비중이 크다. 이는 '발놀림을 십분 활용하지 못하면 골프를 잘 할 수 없다'는 것을 의미한다.

체중이동도 풋워크의 결과다. 신체조건이 그리 좋지 않은데도 비거리가 많이 나는 골퍼는 풋워크의 덕을 보고 있는 것이다. 드라이버로 볼을 타격할 때 '짝짝' 소리가 날 정도로 강한 임팩트도 풋워크에 달렸다.

볼을 친 뒤 피니시(Finish) 자세에서 중심이 왼쪽으로 이동되

고 왼발로 서 있어야 하는데 상당수의 골퍼들은 오른발에 체중을 남겨 놓는다. 이 결과 오른발로 서거나 뒤로 넘어진다. 아니면 피니시 자세가 불안하다. 제대로 서지 못하고 뒤뚱거린다.

이 원인은 잘못된 백스윙과 다운스윙 때문이다. 임팩트나 폴로스루(Follow Through)는 단지 그 결과일 뿐이다.

스윙을 잘 분석해 보면 풋워크가 기본인데 골프를 가르치는 사람들은 이를 너무 소홀히 한다. 예를 들어 스윙 중 팔을 쭉 빼라느니, 머리를 어떻게 하라느니 하면서 풋워크에 대해서는 한마디도 언급하지 않는다.

프로골퍼와 아마추어의 가장 큰 차이 중에 하나도 따지고 보면 바로 풋워크에 있다는 것을 알 수 있다.

몸집이 별로 크지 않은 프로골퍼가 장타를 치는 것도 다 풋워크를 잘하기 때문이다. 다운스윙의 풋워크는 어드레스 시 마치 'ㅅ'자로 서 있는 양발이 '어'자의 자음 모양(ㅓ)처럼 왼발의 모양이 수직으로 되는 것이다. 또한 오른발은 마치 지게를 바친 작대기처럼 비스듬히 되는 것이 다운스윙과 임팩트 시 풋워크의 모양이다.

아마추어골퍼들은 이런 풋워크 모양이 의식하지 않은 상태에서도 쉽게 나오도록 반복 연습을 하는 게 필요하다.

슬라이스 바로 잡기

임팩트 시 클럽헤드는 목표를 향해야

25

아마추어골퍼들의 골칫거리는 슬라이스다. 특히 초보자들은 볼을 쳤다하면 슬라이스가 나는 바람에 거리는 거리대로 손해 보고 성적도 제자리걸음을 면치 못한다.

직구를 치기 위해서는 세 가지 조건이 충족돼야 한다. 첫째 조건은 임팩트 시 클럽헤드가 목표 방향을 바로 향해야 한다. 둘째는 임팩트 시 클럽페이스가 목표와 직각을 이뤄야 한다. 셋째는 볼이 클럽페이스의 스위트 스포트(Sweet Spot, 타격 중심) 에 맞아야 한다는 것이다.

이 가운데 가장 중요시 되는 것은 임팩트 시 클럽헤드가 목표를 향해 지나가는 것이다. 이를 위해서는 또 다른 조건이 붙는다. 다름 아닌 스트레이트 폴로스루에 이은 하이 피니시 (High Finish)가 이뤄져야 한다는 점이다. 만약 볼이 계속해서 슬라이스가 난다면 임팩트 때 클럽페이스가 오픈된 상태로 볼 을 친 결과다. 이때 가장 중요한 교정방법은 그립을 다시한번

살펴보고 롤링(Rolling)을 방지하는 것이다.

그립을 약간 엎어 잡아 클럽페이스가 오른쪽으로 열리는 것을 방지하면 효과가 있다. 또 롤링은 볼이 클럽페이스의 타격 중심에 맞지 않았음을 의미하므로 어드레스 시 자세를 임팩트 때까지 유지하는 것이 중요하다. '클럽헤드가 목표를 향해 지나간다'는 얘기는 '스윙궤도가 목표선과 일치한다'는 것과 같은 얘기다.

직구의 조건 가운데 스트레이트 폴로스루에 이은 하이 피니시가 이뤄져야 한다고 했는데, 여기서 하이 피니시란 폴로스루 직후인 초기 피니시가 하이 피니시를 이뤄야 한다는 것을 의미한다.

초기 피니시 때 스윙궤도는 아웃사이드-인을 그려야 좋은데 일반 아마추어골퍼의 95% 이상이 인사이드-아웃(In-side-Out) 형태를 취하는 것으로 알려지고 있다. 따라서 하이 피니시를 하라는 것은 인사이드-아웃 형태의 스윙궤도를 아웃사이드-인 형태로 바꿔보자는 것으로 이해하면 된다.

오버스윙

톱스윙 시 클럽헤드는 목표와 평행해야

26

골퍼라면 누구나 장타를 치고 싶어 한다. 거기다 정확성까지 겸비하면 더 바랄 게 없다. 한 동안 존 댈리(John Daly, 미국)가 관심을 끌었다. 엄청난 장타를 쳤기 때문이다.

장타를 치는 골퍼들도 좀 더 볼을 멀리 보내기 위해 안달이다. 골퍼들의 장타에 대한 욕심은 끝이 없다. 장타를 치기위해 스윙도 교정하고 드라이버도 수시로 바꾼다.

사실 댈리의 스윙은 보는 것으로 만족해야 한다. 아마추어 골퍼들이 따라 할 것은 못된다. 댈리가 지독한 오버스윙을 하고 있기 때문이다.

흔히 톱스윙 시 클럽헤드는 목표와 평행을 이뤄야 정상이라는 말을 한다. 백번 맞는 말이다. 그런데 댈리의 톱스윙은 클럽헤드가 아예 지면을 가리킬 정도로 지독한 오버스윙이다. 이렇게 오버스윙을 하는데도 스윙궤도가 흐트러지지 않으면서 장타를 칠 수 있는 비결은 골프에 입문하기 전 미식축구로

단련된 튼튼한 하체를 갖고 있기 때문이다.

따라서 하체가 부실한 중년을 넘긴 아마추어골퍼들이 오버스윙을 한다는 것은 바람직한 일이 못된다.

그러나 오버스윙은 이를 하지 말아야 할 초보자나 중년을 넘긴 아마추어골퍼들이 많이 한다는 것이 특징이다. 이는 아직 스윙이 몸에 익지 않고 스윙을 하는데 힘이 부치다 보니 어깨는 돌리지 않고 팔만 들어 백스윙을 하기 때문이다. 그래서 거리도 안 나고 툭하면 미스샷을 내는 스윙을 반복하는 악순환을 겪는다.

오버스윙의 원인은 잘못된 백스윙에서 찾을 수 있다. 백스윙 시 왼팔을 너무 구부려 어깨가 돌아가지 않은 상태에서 클럽헤드만 어깨 뒤로 넘긴다.

마치 클럽을 어깨에 둘러메는 듯한 오버스윙을 하는 것. 이를 고치지 않는 한 진정한 골프의 맛은 느끼지 못할 것이다.

오버스윙이 몸에 배면 거리가 크게 줄어 골프의 재미가 떨어진다. 오버스윙을 바로잡기 위해 어깨를 돌리면 볼을 정확하게 때리지 못하는 샷이 나온다. 따라서 아마추어골퍼들은 어깨는 돌리지 않고 팔만 번쩍 들어 볼을 때리는 오버스윙을 하고 만다.

직구의 조건과 콕킹

임팩트 시 클럽페이스는 볼과 일직선으로

27

골퍼라면 누구나 직구를 날리고 싶어 한다. 또 멀리 날리고 싶다. 마음대로 안 되는 게 골프이다 보니 볼이 똑바로 날아가면 거리가 안 나고, 거리가 나면 방향이 좋지 못한 경우가 많다.

18홀 라운드에서 거리와 방향이 좋은 샷은 많지 않다. 미국 프로골프협회(PGA) 투어에서 뛰는 선수들조차 라운드 당 페어웨이 적중률이 60~70%대 그치고 있다. 때론 50% 미만일 때도 있다. 이렇게 직구를 친다는 것은 쉬운 일이 아니다.

직구의 제1 조건 중 하나는 임팩트 시 클럽페이스가 볼과 직각으로 맞는 것이다. 아무리 어드레스와 백스윙, 다운스윙이 좋아도 이 요건을 충족시키지 못하면 볼은 똑바로 날아가지 않는다.

많은 아마추어골퍼들이 흉내 내기 조차 힘들 정도로 백스윙과 다운스윙을 이상하게 하는데도 볼은 똑바로 날아가는 것을 보게 된다. 이는 백스윙이나 다운스윙이 어떻든 임팩트 시 클

럽페이스가 볼과 직각으로 맞는다는 것을 뜻한다.

임팩트 시 클럽페이스가 볼과 직각으로 맞는 데는 콕킹 (Cocking)이 중요한 역할을 한다. 아마추어골퍼들이 흔히 미스샷을 내는 것은 임팩트 시 클럽페이스를 볼과 직각으로 맞추지 못하기 때문이다. 그 원인은 잘못된 콕킹일 경우가 많다.

초보자일수록 백스윙 시 손목을 너무 빨리 꺾거나 잘못 꺾어서 클럽페이스를 엎거나 젖혀진 상태로 들어 올리는 실수를 저지른다.

클럽페이스를 직각으로 유지한 채 톱스윙까지 이르려면 백스윙 시 왼손등을 고정시켜야 한다. 어드레스 시 볼과 클럽페이스가 직각을 이룬 상태를 그대로 유지하라는 말이다.

클럽페이스와 볼이 직각인 상태를 유지하기 위해서는 적어도 클럽헤드가 허리높이를 지날 때 까지는 손목을 사용하지 말아야 한다.

일반적으로 초보자들은 스윙이 빠르면 손목의 콕킹도 빨라지는 특징이 있다. 그래서 볼이 잘 맞지 않을수록 스윙을 한번 천천히 해 볼 필요가 있다.

또한 임팩트가 정확하지 않아 볼이 좌우 예측불허로 날아간다면 손목을 꺾는데 이상이 없는 지 한번 점검해야 한다.

콕킹이 풀리는 시점

콕킹은 임팩트존에서 풀려야 샷이 정확하다

28

손목이 말썽일 때가 있다. 손목은 꺾이는 방향에 따라 구질이 달라진다. 스윙 시 왼 손목은 요골 쪽(엄지 쪽)으로 꺾이는 것만 필요로 한다.

전후좌우 움직임이 가능한 손목 관절을 이렇게 한 방향으로만 움직이도록 하기 위해서는 연습이 필요하다.

연습이 없으면 손목은 자신의 의지에 관계없이 꺾이기 쉬운 쪽으로 꺾이려는 경향이 있다. 이 때문에 미스샷이 나온다.

손목의 꺾임 즉, 콕킹은 스윙이 끝날 때까지 그대로 유지하는 게 아니다. 꺾일 때 제대로 꺾어주고 풀 때는 풀어줘야 한다. 그래야 스윙이 제대로 된다. 바로 이 점 때문에 스윙이 어렵다.

콕킹은 백스윙 초기 그립이 허리높이에 왔을 때부터 만들어지기 시작한다. 이렇게 만들어진 콕킹은 임팩트 존에 왔을 때 풀려야 한다. 이 콕킹은 너무 일찍 풀려도 안 되고, 너무 늦게

풀려도 안 된다. 임팩트 존에서 풀려야 의도하는 샷이 된다.

흔히 아마추어골퍼들은 콕킹이 늦게 풀리는 것보다 너무 일찍 풀려 미스샷을 일으키는 경우가 많다.

예를 들어 콕킹이 임팩트 존에서 풀리지 못하고 다운스윙 초기부터 풀려지기 시작하면 슬라이스 구질이 생긴다. 백스윙으로 만들어진 스윙의 틀을 다운스윙 시 그대로 끌고 내려오지 못하는 것이다. 이는 스윙이 너무 빠르거나 힘을 줘 볼을 멀리 보내려고 할 때 자주 나타나는 현상이다.

너무 일찍 콕킹이 풀리면 볼이 맞자마자 슬라이스도 아닌 바로 오른쪽으로 '팍'하고 날아가는 샷이 된다. 왼손의 경우 톱스윙에서 콕킹이 완성되면 클럽 샤프트는 엄지의 안쪽(지장 찍는 곳)에 밀착되고 받쳐지게 된다.

오른손은 엄지와 검지가 Y자 모양을 이뤄 왼손 엄지와 같은 방향으로 꺾이면서 왼손 엄지와 밀착된다.

톱스윙에서 왼손목이 엄지 쪽으로 꺾이는 콕킹이 아니라 손등 쪽으로 꺾이게 되면 임팩트 시 클럽페이스가 열려 슬라이스가 나고 반대로 손바닥 쪽으로 꺾이면 훅이 발생한다. 따라서 스윙 중 콕킹을 하는 것도 중요하지만 손목이 손등 쪽으로 꺾이는 것을 막는 부단한 연습이 필요하다.

하이 피니시 동작

정확한 구질 위해선 업라이트 폴로스루 필요

29

스포츠는 '폼'이 중요하다. 골프도 마찬가지다.

골프에도 이상적인 스윙은 있다. 이상적인 스윙을 위해서는 "하이 피니시(업라이트 피니시)를 하라" 아니면 "하이 폴로스루를 하라"고 한다. 다 이유가 있기 때문이다.

업라이트 폴로스루가 수직운동에 가깝다고 가정하면 플랫 폴로스루는 수평운동에 가깝다. 때문에 임팩트 존이 직선으로 목표를 향해 길게 갈수 없다. 타격의 정확도가 떨어지는 결과로 나타날 수밖에 없다. 이 하이 피니시와 하이 폴로스루 중에서 더 중요한 것은 하이(업라이트) 폴로스루다.

'업라이트 폴로스루와 임팩트'의 관계가 부자간이라면 '하이 피니시와 임팩트'는 사촌 정도로 한 다리 건너는 스윙 동작이다. 따라서 하이 피니시와 스트레이트 임팩트 존은 간접적으로 연관돼 있을 뿐이다.

하이 폴로스루가 됐다고 해서 자동적으로 하이 피니시가 이뤄지는 것은 아니다. 피니시 동작이 폴로스루 직후에 이뤄지기 때문에 하이 폴로스루만 잘하면 하이 피니시가 이뤄진다고 생각하기 쉽다. 하지만 그립과 손목의 동작, 팔꿈치, 어깨관절의 움직임 때문에 이 두 동작은 같은 방향으로 가지 않고 갈 수도 없다.

결론적으로 말하면 백스윙은 골퍼에 따라 다를 수 있으나 폴로스루만은 어느 골퍼든 업라이트해야 정확한 구질을 얻을 수 있다는 얘기다.

어떤 골퍼들은 폴로스루를 업라이트하게 하라고 하니까 어깨까지 끌려가는 동작을 취하는 경우가 있는 데 잘못된 것이다.

업라이트 폴로스루를 하자는 이유는 목표를 향해 임팩트 존을 길고 일직선이 되도록 유지하자는 것인 만큼 이 동작을 한답시고 불필요한 동작이 나와서는 안 된다. 흔히 클럽의 헤드무게를 느끼는 스윙을 하라는 것도 힘을 빼고 업라이트 폴로스루를 만들자는 것으로 이해하면 된다.

백스윙 시 히프와 어깨의 회전 각도

몸이 하자는 대로 하면 골프는 쉬워진다

30

주말골퍼의 대부분은 몸 따로 마음 따로 논다. 몸은 따라주지 않는데 마음만 앞서 스윙을 그르치는 경우가 많다.

주말골퍼는 연습량이 부족하다. 연습량이 충분하지 못한데도 볼을 잘 치겠다는 생각을 한다. 몸은 따를 준비가 되지 않았는데 너무 이상적인 스윙에만 사로잡힌 나머지 스스로 무덤을 파는 것이다.

생각이 아닌 몸이 하자는 대로 하면 골프는 좀 더 쉬워 질 수 있다. '90과 45도' 그중에 하나다. 이상적인 스윙을 말할 때 흔히 사용하는 숫자로 백스윙 시 어깨는 90도, 히프는 45도 회전하라고 한다.

아마추어골퍼들이 이런 스윙을 할 수 있다면 전부 프로골퍼 소리를 들을 것이다. 현실적으로는 거의 불가능하다. 하지만 아마추어골퍼들은 기를 쓰고 한번 하려고 하기 때문에 스윙축이 흔들리고 미스샷을 낸다.

아마추어골퍼들도 연습만 충분하면 '90과 45'를 못할 건 없다. 하지만 1주일에 한두번 연습장과 골프장에 나가는 것으로는 사실상 불가능하다.

사람은 나이가 들수록 몸이 굳어지게 되어 있다. 여기에 연습도 불충분한 상태에서 어깨를 무리하게 90도 이상 돌리려고 하면 필경 다른 동작에 무리가 따른다. 이 과정에서 몸이 따라주지 않다보니 자연히 스윙에 힘이 들어가게 된다. 그렇지 않아도 몸이 굳어 뻣뻣한데 힘까지 주니 스윙이 될 리 없다.

스윙에 힘이 들어가면 이를 지탱하기 위해 자신도 모르는 사이에 다리도 뻣뻣해 진다. 90도가 아니더라도 어깨가 잘 회전하기 위해서는 다리가 유연해야 한다. 다리가 뻣뻣하면 어깨회전을 방해한다.

아무리 연습량이 충분한 프로골퍼라도 어깨를 90도 이상 돌리기 위해서는 다리가 유연해야 한다. 즉 다리가 잘 꼬여야 한다는 말이다.

허리뼈나 등뼈는 아무리 회전해도 45도 이상 회전시킬 수 없기 때문에 다리의 꼬임이 뒤따르지 않으면 90도 이상 어깨회전은 불가능하다.

어드레스 시 '기마자세'(무릎을 약간 굽히는 것)를 취하는 이유는 다리의 유연성을 위한 것이다.

'굿 샷'을 부르는 스윙의 기술

백스윙과 히프 회전

히프 아닌 어깨가 먼저 회전해야 정상

31

스윙은 간결한 게 좋다. 군더더기가 없어야 한다는 뜻이다.

비거리가 나지 않아 고민이 많은 골퍼일수록 온힘을 다해 스윙을 하는 경향이 있다. 스윙은 힘으로 하는 게 아니다.

스윙 중 필요 이상으로 몸을 흔들면 샷의 정확도가 떨어진다. 볼이 타격중심에 맞지 않아 비거리는 물론 정확도까지 떨어지는 것이다.

스윙은 일관성을 갖는 게 중요하다. 스윙이 매번 시도할 때마다 달라 미스샷을 자주 내는 악순환을 되풀이 하는 것은 필요 없는 힘을 사용하기 때문이다. 백스윙 시 히프를 너무 빨리 돌리는 것도 이런 실수 중 하나다.

백스윙은 히프의 회전을 최대한 억제하면서 어깨는 최대한 회전하는 것이다. 볼은 몸을 꼬았다가 풀리면서 나오는 힘으로 날아간다.

그런데 거리가 제대로 나지 않는다고 해서 백스윙 시 히프

의 회전을 빨리 하면 오히려 힘의 축적을 방해하는 꼴이 된다. 골퍼 스스로는 히프를 돌려 쭉 뺀 것으로 어깨가 충분히 돌아갔다고 여기기 쉽다.

히프를 너무 빨리 회전시키지 말라는 이유는 간단하다. 이로 인해 스윙궤도가 흐트러지기 쉽기 때문이다.

백스윙을 시작할 때 히프가 먼저 도는 게 아니라 어깨가 돌면서 히프도 따라 도는 순서가 돼야 한다. 백스윙을 할 때 이 순서를 염두에 두면 효과적이다.

백스윙을 천천히 하라는 것은 히프가 먼저 도는 것을 방지해 미스샷을 막자는 의미도 있다. 만약 어깨보다 히프가 먼저 돌면 히프와 어깨 사이에 있는 근육에 긴장감이 없어진다. 근육의 긴장감을 강조하는 이유는 다운스윙 시 중요한 역할을 하기 때문이다.

백스윙 시 근육에 긴장감을 느낄 수 있도록 힘을 축적해야 한다. 다운스윙 시 이 힘으로 볼을 날려 보내기 때문이다.

근육에 긴장감을 느끼지 못하면 골퍼는 무의식적으로 다운스윙 시 불필요한 힘을 쓰게 되는 결과를 가져온다. 앞서 지적대로 쓸데없이 몸을 움직이는 것이다.

다운스윙 시 긴장된 근육을 푸는 것은 마치 고무줄을 당겼다 놓기와 마찬가지 요령으로 하면 된다.

무릎의 역할

힘 빼는데 무릎의 역할이 중요하다

32

골프는 집중력이 요구되는 운동이다. 그렇다고 몸까지 긴장해서는 안 된다. 몸이 나무토막같이 굳어진 상태에서는 제대로 스윙이 될 리 없다. 장작을 패는 것과 스윙은 다르다.

볼을 잘 때리겠다는 생각을 가지면 몸에 힘이 들어가게 된다. 자신도 모르게 힘이 들어가는 게 문제다. 힘을 빼고 스윙을 하라고 주문해도 그때뿐이다. 몸이 유연하지 못한 가운데 스윙이 이뤄지면 결과는 뻔하다.

스윙을 부드럽게 할 수 있는 것은 근본적으로 몸 전체의 힘을 빼야 가능하다. 힘을 빼는 게 그리 쉬운 일은 아니지만 무릎만 잘 활용하면 간단하게 힘을 뺄 수 있다.

무릎은 한쪽 방향으로만 굽혔다 펼 수 있는 관절이다. 손가락 관절과 마찬가지로 160도 이상 굽힐 수 있고 일직선으로 펼 수도 있다.

우리는 어드레스를 할 때 무릎을 약간 굽히고 한다. 하지만

왜 굽혀야 되는지는 잘 모른다. 그냥 굽히라고 하니까 굽힌다.

무릎을 약간 굽히라고 하는 것은 중심이동 뿐 아니라 '발동작도 원활히 하기 위한 준비동작을 하자'는 뜻이다. 무릎이 펴져 있는 상태에선 회전이 안 되나, 약간 굽힌 상태에선 약 15도의 회전이 가능하다.

백스윙 시 무릎도 좌회전을 해야 제대로 된 톱스윙을 할 수 있다. 무릎을 편 상태에서는 톱스윙까지 가져가기 힘들다. 무릎 회전으로 인해 오른쪽 허벅지와 허리는 톱스윙 시 어드레스 때보다 왼쪽으로 약간 이동한다. 만약 오른쪽 허벅지와 허리가 톱스윙 시 어드레스 때보다 왼쪽으로 가 있지 않으면 하체의 꼬임이 되지 않았다는 것을 의미한다. 이는 결국 '장타를 칠 수 없다'는 뜻으로 초보자들의 톱스윙에서 흔히 볼 수 있는 자세다.

따라서 '무릎을 절대로 움직이지 말고 백스윙을 하라'는 레슨은 잘못된 것이다. 백스윙 시 무릎이 오른쪽으로 스웨이되는 것을 막기 위해서도, 오른쪽 허벅지와 허리는 왼쪽으로 약간 이동해야 한다.

백스윙 시 왼팔 억지로 뻗지 마라

왼팔 때문에 스윙을 망칠 수 있다

33

아마추어골퍼들은 백스윙 시 왼팔에 대해 너무 신경을 쓰는 경향이 있다. 왼팔을 쭉 뻗으려 한다. 백스윙 중 왼팔이 구부러지면 큰일이 나는 것으로 안다. 그게 문제다. 사실 일반 아마추어골퍼들이 백스윙 시 왼팔을 쭉 뻗기란 여간 어려운 게 아니다. 꾸준한 연습량이 뒷받침 돼야 한다.

그러면 골퍼들은 왜 왼팔을 뻗으려고 하는 것일까. 이유는 간단하다. 임팩트 시 클럽헤드를 어드레스 시와 같은 위치로 오게 하기 위한 것이다. 스윙 중 왼팔을 어드레스 시와 같이 쭉 펴면 임팩트 시 같은 위치로 오지 않을까 하는 생각에서다.

물론 왼팔이 스윙 축에 대한 불편의 반경임에는 틀림없다. 하지만 꼭 왼팔을 쭉 뻗어야만 제대로 된 스윙이 되는 것은 아니다. 사실 임팩트는 왼팔이 쭉 펴진 상태에서 맞는 게 아니라 오히려 약간 굽혀진 상태에서 맞는다.

톱프로들의 스윙을 보면 마치 왼팔을 곧게 펴고 스윙을 하

는 것으로 보이나 이렇게 스윙을 하는 골퍼는 한사람도 없다. 골퍼 자신은 임팩트 시 왼팔을 뻗는다고 생각할지 모르나 고속 촬영한 사진을 보면 완전히 뻗은 상태는 아니다.

만약 임팩트 시 왼팔을 완전히 뻗는다면 다음 동작에 무리가 따른다. 턱걸이를 한번 생각해 보면 쉽게 이해가 갈 것이다. 턱걸이를 할 때 팔을 완전히 편 상태에서 몸을 끌어 올리려고 하면 너무 힘들어 아무리 잘하는 사람이라도 몇 번하지 못한다.

턱걸이를 할 때 팔을 편 것처럼 보이나 다음 동작을 위해 팔을 당기고 있는 것이다. 이는 체조선수나 역도선수도 마찬가지다. 따라서 백스윙 시 왼팔을 뻗는 것에 너무 얽매일 필요는 없다. 억지로 왼팔을 펴려고 하면 '억지 스윙'이 나온다.

스윙의 템포

빠른 스윙은 미스샷의 원인이 된다

34

골프에서 빠른 스윙은 백해무익이다. 스윙이 빠르면 신체 각 부분의 조화가 깨진다. 어깨가 먼저 움직여야 하는데 히프가 먼저 움직인다거나 하는 부작용이 생기는 것. 이런 부작용은 미스샷을 유발하기 때문에 스윙을 천천히 하라고 주문하는 것이다.

초보자일수록 스윙은 가능한 느리게 하는 좋다. 연습량이 충분한 선수들의 경우 스윙이 빨라도 신체의 조화가 깨지지 않는다. 가끔 보면 초보자일수록 뭐가 그리 급한지 언제 볼을 쳤는지도 모를 만큼 빠른 스윙을 한다.

스윙이 빠르면 볼을 때리기 어렵기 때문에 천천히 스윙을 하라고 말한다. 스윙이 빠르면 우선 '낮고 길게'해야 될 테이크백이 안 된다. 어드레스를 취하고 백스윙을 시작하자 마자 바로 클럽을 끌어 올리는 스윙을 하고 만다. 이는 결국 어깨의 회전을 어렵게 만들고 팔로만 스윙을 하게 만드는 원인이 된

다. 또한 스윙이 빠르면 미스샷이 많이 나오는 까닭은 몸이 미처 따라 돌지 못하기 때문이다. 몸이 따라 돌지 못하면 어쩔수 없이 팔로만 스윙을 하는 결과를 가져온다.

이런 스윙을 하는 골퍼들이 용케 미스샷을 하지 않았다 하더라도 비거리가 짧은 샷이 되고 만다. 스윙이 빨라 어깨 회전이 제대로 되지 않은 상태에서 팔만 들어 올려 볼을 치게 되므로 비거리를 손해 보는 것은 어쩔 수 없는 일이다.

스윙이 빠를 경우 미스샷이 많이 나오는 것은 각 근육이 사전 준비를 못하기 때문이다. 근육이 볼을 때릴 준비도 채 되지 않은 상태에서 스윙이 이뤄지는 것이다.

스윙은 신체의 어느 한 부분만 잘됐다고 해서 완성되는 것은 아니다. 팔, 손, 다리, 어깨 등 신체의 각 부분이 상호작용을 통해 동시성을 가질 때만 만족할 만한 샷이 나온다.

프로골퍼들의 스윙은 대체로 빠른 편인데 이는 빠른 스윙을 하더라도 신체 각 부분이 상호작용을 충분히 할 정도로 많은 연습이 돼 있기 때문이다.

스윙 중 허리의 역할

발의 힘을 효과적으로 상체에 전달하라

35

스윙 중 허리의 역할은 중요하다. 스윙이 허리를 돌리는 것으로 알고 있는데 그건 아니다. 허리의 역할에 따라 샷의 질이 달라진다. 그러면 허리는 스윙 중 어떤 역할을 하는가.

흔히 골프도 잘하려면 허리를 잘 써야 한다고 하는데 맞는 말이긴 하다. 그러나 자칫하면 허리에 무리를 줄 수 있으므로 조심해야 한다.

스윙은 오른쪽으로 90도 감았다가 왼쪽으로 다시 90도 풀어주는 좌우로 180도 회전하는 동작이다. 이렇게 한 두 번도 아니고 허리를 중심으로 180도 회전하려면 필연적으로 허리에 무리가 따르기 마련이다.

허리뼈는 5개로 상체와 하체를 연결하기 때문에 등뼈나 목뼈에 비해 넓고 크다. 따라서 허리뼈는 목뼈처럼 회전이나 구부림과 펴짐이 적다.

골퍼들은 스윙 시 좌우로 몸을 감았다 푸는 것을 허리의 동

작으로 잘못 알고 있으나 허리뼈 5개의 회전은 억지로 돌려도 20도 이상 돌아갈 수 없다.

만약 골퍼의 허리뼈가 20도 이상 돌아간다고 하면 허리에 심한 통증을 느끼거나 마비되는 현상이 나타날 것이다. 허리뼈에 붙어 있는 신경이나 힘줄이 절단되거나 늘어나고 눌려지는 현상이 나타날 것이기 때문이다. 마치 힘이 강한 사람이 약한 사람의 손을 비트는 것을 상상하면 쉽게 이해할 수 있다.

레슬링이나 유도에서 꺾기 기술이 있는 것은 우리 몸의 뼈마디는 운동 범위가 지나치면 참을 수 없는 통증이 오게 되고 더 심하면 손상이 오기 때문에 항복을 받아 낼 수 있는 것을 염두에 둔 기술이라고 볼 수 있다.

스윙의 힘은 발에서 나오는 것이지 허리에서 나오는 게 아니다. 허리는 발에서 나오는 힘을 상체로 전달하는 것으로 그 역할은 충분하다. 따라서 허리를 쓸 생각을 하기 전에 발에서 나오는 힘을 어떻게 효과적으로 상체에 전달하느냐가 관건이다.

임팩트 이후의 스윙

인사이드로 감아 스트레이트로 폴로스루 해야

36

골프는 임팩트가 중요하다. 스윙이 다 임팩트 순간을 위한 것이기 때문이다. 하지만 임팩트 이후도 중요하다. 이상적인 스윙은 인사이드로 감고 스트레이트로 폴로스루 하는 것이다.

인체공학적으로 이상적인 스윙이 어떤 것인지 접근해 봐도 스윙의 우반(右半; 임팩트 직전까지의 동작)은 골퍼의 신체적인 특성이나 스윙 스타일에 따라 플랫이나 업라이트 등 어느 형태를 취해도 상관없다. 그러나 좌반(左半; 임팩트 이후의 동작) 동작에 들어가면 모든 골퍼들이 업라이트 해야 한다는 것이다.

스윙의 우반은 몸을 충분히 감고 강하게 볼을 때릴 수 있는 자세면 충분하다. 하지만 혹자는 스윙의 초기가 흐트러지면 다 망치게 되는 것 아니냐고 말 할 수 있는데, 이런 사람에게는 "스윙이 이러니 저러니" 백 마디 말보다 그냥 휘둘러보라고 하는 것이 더 도움이 된다.

스윙이 되든 안 되든 클럽을 휘둘러 스스로 느끼는 감이 있

을 때라야 기술이건 요령이건 귀에 들어오기 때문이다.

신중을 기해 시작하는 스윙은 1만분의 5초라는 임팩트 순간을 위한 것이다. 임팩트 시 클럽헤드가 볼과 접촉해서 지나가는 거리는 볼과 3cm 미만이라고 한다.

볼이 제대로 날아가지 못하고 방향이 종잡을 수 없는 것은 바로 이 3cm를 잘 다스리지 못하기 때문이다. 이 3cm의 임팩트가 목표방향으로 늘 일정하게 지나가도록 하기 위해서는 클럽헤드가 목표를 향해 일직선으로 지나가야 한다.

물리학적으로 힘의 관성은 직선방향이기 때문에 임팩트 존이 목표방향으로 길게 지나가면 하이 폴로스루가 자연히 이뤄져 정확한 샷을 날릴 수 있는 것이다. 이러한 설명 없이 하이 피니시를 하고 임팩트 존을 길게 목표방향으로 하라고 한다. 이것은 임팩트가 너무 짧은 순간에 이뤄지므로 폴로스루를 목표방향으로 보내면 전단계인 임팩트 존도 직구의 3가지 요건을 충족시키기 쉽다는 점을 감안한 것이다.

톱스윙 시 스웨이 되는 이유

어드레스 시 보다 머리가 왼쪽으로 이동 한 결과

37

스윙 중 머리의 위치에 따라 결과는 판이하게 나타난다. 스윙 중 머리는 움직인다. 머리 움직임에 따라 샷의 질이 달라지는 것.

골프를 좀 늦은 나이에 시작한 골퍼들 중에서 흔히 볼 수 있는 것이 있다. 백스윙과 톱스윙이 진행되는 동안 다리와 허리가 오른쪽으로 스웨이 되는 것이 바로 그것.

백스윙을 하면 손과 클럽이 오른쪽으로 이동한다. 이때 몸이 오른쪽으로 기울어지거나 혹시 넘어질 것을 우려해 무의식적으로 머리를 왼쪽으로 이동시킨다. 또한 볼을 끝까지 쳐다보라는 말 때문에 스윙 자세에 문제가 생긴다.

손과 클럽은 오른쪽으로 이동하나 머리가 이동하면 혹시 볼을 제대로 못 볼 것을 우려한다. 이 때문에 머리를 좌하방향으로 움직인다. 이같은 스윙을 하는 골퍼들은 잘못된 머리 이동으로 인해 눈과 볼의 거리가 가까워진다. 제대로 머리를 이동

하면 눈은 볼로부터 거리가 더 떨어져야 된다.

톱스윙 시 머리가 왼쪽으로 움직이면 허리와 다리는 그 반대쪽인 오른쪽으로 스웨이되는 결과가 생긴다.

허리가 오른쪽으로 스웨이 되는 이유는 톱스윙에서 머리가 어드레스 시보다 왼쪽으로 왔기 때문이다.

톱스윙 시 머리는 반드시 앞에서 보았을 때 우반(右半; 오른발 위)에 있어야 한다. 따라서 어드레스 시 머리를 우반에 놓고 백스윙을 하는 골퍼는 그 상태로 톱스윙을 맞아도 되나 어드레스 시 머리를 중앙 또는 왼쪽에 놓은 골퍼는 반드시 머리가 오른쪽으로 이동하게 된다.

톱스윙 시 허리와 다리가 오른쪽으로 스웨이 되는 골퍼들은 머리를 어드레스 시보다 조금만 오른쪽으로 이동하면 스웨이가 일어나지 않는다.

오른발과 머리는 수직선상에서 일직선으로 움직인다는 것을 염두에 두고 스윙을 하면 허리와 다리가 오른쪽으로 스웨이 되는 것을 어느 정도 막을 수 있다.

허벅지의 중요성

허벅지는 파워의 원천이다

38

골프는 스윙만 중요한 게 아니다. 골프실력을 향상시키려면 파워가 필요하다.

프로골퍼들이 시즌이 끝나면, 또 시즌 중에도 게을리 하지 않는 게 웨이트 트레이닝(Weight Training)이다. 이는 연습장에서 볼을 때리는 것 이상으로 중요하기 때문이다.

허벅지는 파워의 원천이다. 모든 운동은 하체가 튼튼해야 잘할 수 있다. 골프도 예외가 아니다. 하체가 부실하면 어떤 운동이고 잘 할 수 없다. 하체 가운데 허벅지의 역할은 골프에서 거의 절대적이다.

사람의 뼈 가운데 가장 굵고 힘이 있는 뼈는 허벅지뼈, 즉 대퇴골이다. 이 뼈 주위에는 강한 근육과 힘줄이 붙어 있어 상체를 지탱하는 것은 물론 몸동작의 주된 역할을 한다.

몸동작에 허벅지 뼈(관절)가 주된 역할을 하는 것은 관절 가운데 회전과 굴신이 커 자유롭게 움직일 수 있기 때문이다.

축구선수가 볼을 차고 태권도 선수가 발차기를 하는 기술은 모두 허벅지 관절의 회전과 굴신 때문에 가능하다.

양궁 선수가 활을 잘 당기고 정확한 조준자세를 취하기 위해서도 허벅지의 요동이 없어야 한다.

잘 알고 있는 대로 우리 몸에서 나오는 힘은 고무줄처럼 근육이 수축과 이완을 하는 결과다. 힘은 근육의 양에 비례한다.

비거리 때문에 고생하는 골퍼들은 이 허벅지에서 나오는 힘을 클럽헤드에 충분히 전달하지 못한다는 것을 뜻한다.

타이거 우즈(미국)가 장타를 치는 비결 중에 하나도 바로 허벅지 근육에서 나오는 힘을 스윙과정에서 빼앗기지 않고 클럽헤드에 잘 전달하기 때문이다. 우리는 그 동안 허벅지 근육에 대한 언급 없이 그저 체중이동이 잘 안 된다는 말만 되풀이 해왔다.

따지고 보면 체중이동이 안 된다는 것은 허벅지 근육을 제대로 이용하지 못한다는 뜻이다. 우즈도 다운스윙 시 비축했던 힘을 클럽헤드에 전달하기 위해 왼발에 체중을 먼저 올려놓고 어깨를 돌려 클럽을 끌어 내리는 스윙형태를 보여준다. 다운스윙의 시작을 그립을 쥔 양팔(양손)을 끌어 내리는 것으로 시작하지 않는다.

톱스윙 시 무릎 이동

오른쪽 무릎 회전과 동시에 뒤로 5∼10cm 이동

39

스윙 시 무릎의 움직임도 중요하다. 스윙 시 무릎을 굽히느냐 아니면 펴느냐에 따라 결과는 크게 달라진다.

어드레스 시 무릎을 약간 굽히라고 하는데 이는 몸통의 회전을 원활하게 하기 위한 것이다.

무릎을 쭉 편 상태에서 스윙을 하면 몸이 유연하지 못해 회전이 어렵다. 무릎을 약간 굽히면 몸의 유연성이 생긴다.

또한 무릎은 편 상태에선 거의 회전시킬 수 없으나 약간 굽히면 10∼15도 정도 회전이 가능하다. 즉, 그만큼 스윙을 유연하게 할 수 있다는 얘기다.

그까짓 무릎을 굽히고 펴는 것이 무슨 대수냐고 생각할지 모르나 스윙의 파워는 여기서 나온다는 것을 알아야 한다.

파워스윙은 무릎관절의 회전이 뒤따르지 않는다면 불가능하다. 백스윙 시도 이 무릎관절이 회전하지 않으면 제대로 된 톱스윙을 할 수 없다. 그래서 뻣뻣이 선 자세로 스윙을 하는

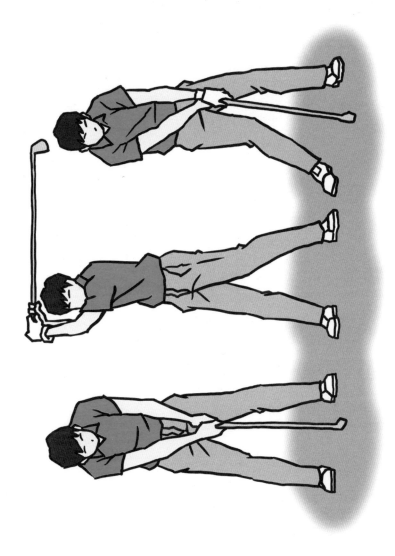

골퍼는 파워스윙이 불가능해 거리에서 많이 손해를 본다. 무릎의 회전이 안 된다는 것은 이와 연결과 허벅지의 회전도 기대할 수 없다는 것을 뜻한다.

톱스윙 시는 체중이 실리는 오른쪽 무릎의 역할이 중요한데 어드레스 시 굽혔던 무릎이 펴져서는 안 된다. 아마추어골퍼들이 흔히 실수를 범하는 것 중 하나도 어드레스 시는 무릎을 굽혔다가도 톱스윙에서는 어느새 무릎을 펴는 것이다.

오른쪽 허벅지의 꼬임(회전)은 임팩트의 원동력이 되는데 무릎의 회전 없이는 이 허벅지의 회전이 불가능하다.

톱스윙 시 오른쪽 무릎은 오른쪽으로 회전하는 동시에 후방으로 약 5~10cm 이동하는 게 정상이다. 이는 오른발이 오른쪽으로 강하게 회전할 때 나타나는 현상으로 스웨이와는 다른 것이다. 또 무릎을 굽힌다고 해서 주저앉는 스윙과도 다르다. 스윙 시 무릎 이동이 잘못되면 스윙 축이 전후좌우로 움직여 일관된 샷이 불가능할 수 있다.

몸이 움직이는 순서

백스윙 시 양손, 양팔, 어깨, 히프 순으로

40

골프는 일관적 스윙이 가능해야 실력이 향상된다. 샷이 왔다 갔다 하고 성적이 '둘쑥 날쑥'하다면 다 일관적 스윙을 하지 못하기 때문이다.

스윙을 하는 동안 우리 몸은 아무렇게나 움직이는 게 아니다. 정해진 순서에 따라 서로 조화를 이루며 움직인다. 그런데 연습이 부족하면 몸이 말을 듣지 않는다. 몸이 제 각각 논다. 그러니 어찌하면 볼이 잘 맞고 어떤 때는 미스샷이 나온다.

흔히 스윙을 구분해서 설명하는 예가 많은데 다 이런 이유 때문이다. 백스윙 시 신체의 각 부분이 움직이는 순서를 알아두면 잘못된 스윙을 바로 잡는데 도움이 된다.

사실 스윙 전체는 길어야 1초 내외로 끝난다. 때문에 웬만큼 실력이 없으면 스스로 어디가 잘못되었는지 알아내기 힘들다. 그러나 구분동작으로 스윙을 하면 잘못된 부분을 쉽게 찾아 낼 수 있다.

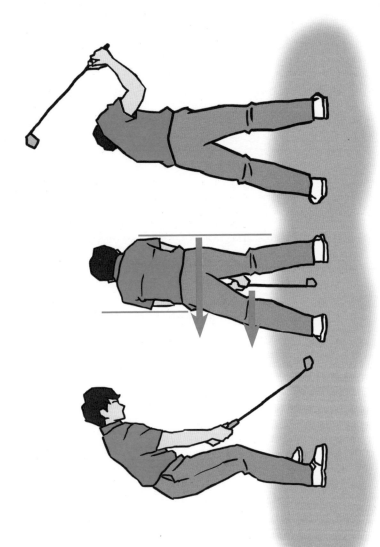

백스윙 시 몸체는 양손, 양팔, 어깨, 둔부의 순서로 움직인다. 그러나 백스윙 자체가 아주 짧은 시간에 이뤄지기 때문에 양손, 양팔, 어깨, 둔부가 차례로 움직이는 순서는 거의 동시적이지만 그렇다고 해서 이 순서를 무시해서는 안 된다.

미스샷을 줄이기 위해서는 이를 염두에 둬야한다. 의식적으로 이 순서에 따라 백스윙을 하는 게 중요하다.

백스윙 시 양손은 양팔이 뒤로 가기 바로 직전에 클럽헤드를 뒤로 하고 움직이기 시작한다. 양팔 또한 어깨가 회전하기 직전에 움직이기 시작하므로 이순서가 바뀌지 않도록 주의해야 한다.

문제는 이 순서에 따라 하려고 해도 쉽지 않다는 점이다. 실제로 이 구분동작은 스윙 시 통합되어 동시성을 띠고 있다. 또 제대로 된 스윙이 되기 위해서도 동시성을 띠어야 한다.

백스윙을 할 때 어깨의 움직임은 히프보다 항상 앞선다. 이는 어깨가 움직이는 순간까지 히프는 회전하지 않고 있기 때문이다.

왼쪽다리는 히프가 회전하기 시작하면서 오른쪽으로 움직인다. 이 순서에 따른 반복연습으로 근육이 이를 기억하게 하는 게 좋다. 그래서 일단 스윙을 하면 이 같은 순서에 의한 백스윙이 되도록 하는 게 중요하다.

동반자가 부러워하는
스윙 실력 포인트

Level 05

슬라이스, 이거 '한 방'이면 끝

스트레이트 폴로스루, 그리고 하이 피니시

41

페어웨이를 향해 날아가던 볼이 러프로 떨어진다. 러프로 날아가던 볼이 휘면서 페어웨이로 들어온다. 이게 다 슬라이스다.

'OB 말뚝'만 보이면 꼭 OB를 내는 골퍼, '오른쪽이 OB'라는 말만 들으면 꼭 OB를 내는 골퍼는 슬라이스 족쇄 때문이다.

슬라이스를 치지 않기 위해서는 직구를 쳐야 한다. 직구를 치기 위해서는 세 가지 조건이 충족돼야 한다.

세 가지 조건은 ① 임팩트 시 클럽헤드가 목표방향을 바로 향해야 한다. ② 임팩트 시 클럽페이스가 목표와 직각을 이뤄야 한다. ③ 볼이 클럽페이스의 타격중심(스위트 스포트)에 맞아야 한다는 것이다.

이 가운데 가장 중요한 것은 임팩트 시 클럽헤드가 목표를 향해 지나가는 것. 이를 위해서는 또 다른 조건 있다.

다름 아닌 스트레이트 폴로스루에 이은 하이피니시가 이뤄

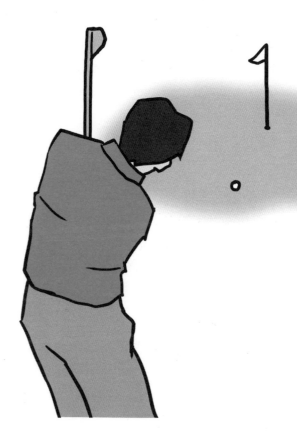

져야 한다는 점이다. 만약 볼이 계속해서 슬라이스가 난다면 임팩트 때 클럽페이스가 오픈된 상태로 볼을 친 결과다. 이때 가장 중요한 교정 방법은 그립을 다시 한번 살펴보고 롤링을 방지하는 것이다.

그립을 약간 엎어 잡아 클럽페이스가 오른쪽으로 열리는 것을 방지하면 효과가 있다. 또 롤링은 볼이 클럽페이스의 타격 중심에 맞지 않았음을 의미하므로 어드레스 시 자세를 임팩트 때까지 유지하는 것이 중요하다.

"클럽헤드가 목표를 향해 지나간다"는 얘기는 "스윙궤도가 목표선과 일치한다"는 얘기다.

직구의 또 다른 조건 가운데 '스트레이트 폴로스루에 이은 하이 피니시'가 있다. 여기서 하이 피니시란 '폴로스루 직후인 초기 피니시가 하이 피니시를 이뤄야 한다'는 것을 의미한다.

초기 피니시 때 스윙궤도는 아웃사이드-인을 그려야 좋은데 일반 아마추어골퍼의 95% 이상이 인사이드-아웃 형태를 취한다.

따라서 "하이 피니시를 하라"는 것은 '인사이드-아웃' 형태의 스윙궤도를 '아웃사이드-인' 형태로 바꿔보자는 것이다.

장타의 조건

발을 사용해야 장타를 칠 수 있다

42

아마추어골퍼에게 드라이버샷은 '쇼(Show)' 이상의 의미를 갖는다. 드라이버샷에 목을 매는 골퍼들이 많다.

사실 동반자에 비해 비거리에게 뒤지면 큰 일 나는 줄 안다. 연습장에 가면 드라이버샷만 죽어라 하는 골퍼들이 있다. "다른 것은 다 엉망이여도 좋으니 드라이버만 잘 칠 수 있었으면 좋겠다"는 사람들도 있다.

라운드 중 아이언샷이나 퍼트는 실수해도 크게 열 받지 않는다. 하지만 드라이버샷이 미스가 나면 바로 얼굴이 굳어진다. 어쩌다 드라이버샷이 장타가 나면 바로 안색이 좋아진다. 이렇게 장타는 주말골퍼들의 기분을 '살렸다' '죽였다'한다.

장타를 치기 위해 여러 가지 방법을 동원해 연습도 하고 레슨도 받는다. 그러나 그게 그리 쉬운 일이 아니다.

장타를 치기 위해서는 오른발 중심이동이 좋아야 한다. 이론상은 그렇다. 백스윙 시 어깨의 오른쪽 회전이 90도 이상

잘 되면, 어깨에 매달린 팔과 클럽의 무게 때문에 체중은 오른 발 쪽에 저절로 옮겨진다.

이와 동시에 허리와 하체도 우회전하게 되는데 이때 오른발 허벅지의 근육도 강하게 체중을 지탱하면서 오른쪽으로 꼬이 게 된다.

체격조건이 좋으면 장타를 치는 데 유리하다. 하지만 꼭 그 런 것만은 아니다. 신체조건은 장타의 조건일 뿐이다. 문제는 발의 힘을 어떻게 유효하게 사용하느냐에 달렸다.

아마추어골퍼들은 오른발의 중심이동이 제대로 되지 않는 다. 또한 체중이동이 잘 돼도 다운스윙 시 비축했던 힘을 제대 로 사용하지 못한다.

따라서 장타를 치고 싶으면 '백스윙 시 오른발로 중심이동이 잘 되는지' 스스로 확인해 보고, 오른쪽으로 모아진 체중을 다 시 왼쪽으로 옮기는데 비축했던 힘을 낭비하지 않는지 체크해 야 한다.

클럽을 잡지 않은 맨손인 상태로 어드레스를 취한 다음 양 손을 좌우로 움직여 보면 체중이 어떻게 이동하는지 느낄 수 있다.

히프를 돌려라

몸이 하자는 대로 한번 해보자

43

생각대로 안 되는 게 골프다. 몸 따로 마음 따로 논다. 주말골퍼가 그렇다. 스윙을 그르치는 것은 생각만큼 몸이 따라 주기 않기 때문이다.

사실 주말골퍼의 연습량은 부족하다. 연습량은 부족한데 볼은 잘 치고 싶다. 그러니 몸이 더 따라주지 않는다.

주말골퍼는 이렇게 백약이 무효인 한계를 안고 있다. 이상적인 스윙은 스스로 무덤을 파는 것이다. 생각은 버려라. 그것이 아무리 이상적인 스윙이라도…. 몸이 하자는 대로 한번 해보자. 다시 말하면 '요분질' 좀 치자는 것이다. 즉 허리품 좀 팔자는 얘기다.

백스윙 시 이상적인 것은 '90과 45'다. 어깨는 90도, 히프는 45도 회전하라 의미다. 주말골퍼는 애초에 불가능한 얘기다. 현실적으로 불가능하다. 하지만 우리나라 아마추어골퍼들이 누군가. 기를 쓰고 한번 하려고 한다. 결국은 스윙축이 흔들

려 미스샷을 낸다.

사람은 나이가 들수록 몸이 굳어진다. 여기에 연습도 불충분하다. 이런 상태에서 어깨를 무리하게 90도 이상 돌리려고 하면 다른 동작에 무리가 따른다.

히프를 45도 돌리려고 해도 그렇다. 히프의 회전각도는 45도가 최대치다. 허리뼈나 등뼈는 아무리 회전해도 45도 이상 회전시킬 수 없기 때문이다.

어깨 회전을 잘 하기 위해서는 다리가 유연해야 한다. 다리가 뻣뻣하면 어깨회전을 방해한다. 다리가 잘 꼬여야 한다는 말이다.

다리의 꼬임이 뒤따르지 않으면 90도 이상 어깨 회전은 불가능하다. 어드레스 시 무릎을 약간 굽히는 것은 다리의 유연성을 위한 것이다.

목의 역할

44

목을 돌리지 않으면 충분한 어깨 회전도 장타도 불가능하다. 목을 돌려야 하는데 목뼈는 90도 이상 회전이 불가능하다. 바로 이 때문에 문제가 생긴다. 목뼈는 7개로 이뤄져 있다. 회전이나 굴신이 비교적 잘된다. 또 이 점이 문제가 되기도 한다.

스윙 중 헤드업을 하지 말라고 한다. 하지만 머리는 잘 움직이는 목뼈 위에 있다. 따라서 머리의 움직임은 목과 밀접한 관련이 있다.

목이 90도 이상 돌아가면 어깨를 90도 돌리더라도 머리를 있는 그 상태로 움직이지 않아도 된다. 그러나 목회전의 각도는 불과 70도 밖에 되지 않는다. 이 때문에 스윙이 힘든 것이다.

어깨를 70도 회전할 때까지는 머리를 움직이지 않고 볼을 쳐다 볼 수 있다. 그러나 그 이상 어깨를 돌리면 목도 함께 회전돼야 한다. 이 때문에 머리를 움직이지 않고 어깨를 90도 이상 돌린다는 것은 사실상 불가능한 것이다.

어깨를 90도 이상 회전하기 위해서는 머리를 움직이지 않고는 절대로 불가능하다. 따라서 톱프로라 할지라도 어드레스 시는 볼을 정면으로 쳐다보다가도 톱스윙에서는 얼굴을 오른쪽으로 약 20~40도 돌아가는 것을 볼 수 있다.

아마추어골퍼들은 머리를 움직이지 말라고 하니까 톱스윙에서도 끝까지 볼을 쳐다본다. 이 결과 90도 이상 돌아가야 될 어깨가 충분히 회전하지 못해 장타를 칠 수 없는 스윙이 된다. 결과적으로 팔로만 스윙하는 나쁜 습관이 들기 쉽다.

백스윙 시 이렇게 머리를 전혀 움직이지 않을 수 없다. 머리는 약간 움직이되 양어깨의 중심점인 제1 흉추를 움직이지 말아야 한다.

머리만 살짝 20~40도 오른쪽으로 돌리면 되는데 머리는 물론 상체 전체를 움직여 미스샷을 내는 일이 많다. 따라서 목은 톱스윙에 가까워지면서 얼굴을 오른쪽으로 20~40도 돌리는 것으로 충분한 역할을 한 것이다.

쇼트 어프로치, 손목에 달려

생크의 원인은 오른쪽 무릎에 있다

45

쇼트게임은 정확도가 생명이다. 특히 그린 주위에서 하는 쇼
트 어프로치샷은 정확하지 않으면 의미가 없다. 미스샷은 바
로 1타로 이어지기 때문이다.

그저 볼을 그린에 올리기만 하는 것으로는 스코어를 줄일
수 없다. 그린 주위에서는 더 그렇다. 톱프로의 경우 직접 홀
에 볼을 넣기 위한 어프로치샷을 한다.

어떤 경우든 그린 주위에서 어프로치샷은 직접 볼을 홀에
넣지 못할 경우 1퍼트 내로 붙여야 한다. 적어도 1퍼트로 마
무리해야 한다는 얘기다. 이를 실패할 경우 결국 1타를 손해
보고 만다.

이때 어프로치 방법은 스탠스의 폭을 넓게 하고 오픈스탠스
로 서서 클럽헤드의 힐(Heel) 부분만 지면에 닿도록 핸드다운
으로 어드레스 하는 것.

다음은 지면과 샤프트가 만드는 역 'K'자를 무너뜨리지 않도

록 노콕킹의 이미지로 백스윙해 그대로 폴로스루까지 가져간다. 다시 말해 "오른손목을 펴라"는 말이다.

이런 스윙이 이뤄지면 볼이 페이스면의 힐 쪽에서 토우(Toe) 쪽으로 비스듬하게 맞아 강한 스핀이 걸려 낙하한 다음 1m 정도 미끄러진 뒤 멈춘다.

아마추어골퍼들은 그린주위에서 어프로치샷을 실수하는 일이 많다. 실수란 다름 아닌 생크(Shank)인데 원인은 오른쪽 무릎에 있는 경우가 많다.

생크는 다운스윙에서 임팩트에 걸쳐 오른쪽 무릎이 앞으로 나오고 그립 끝이 몸의 정면에서 목표방향으로 벗어나기 때문에 발생한다.

따라서 클럽페이스가 열린 채 내려와 오른쪽으로 볼이 '획' 하고 날아가는 샷이 되고 만다.

어떤 경우든 다운스윙 이후 오른쪽 무릎이 어드레스 때보다 앞으로 튀어 나오지 않게 주의하면 돌발적인 생크는 줄일 수 있다.

오른쪽 허벅지와 장타

톱스윙 시 오른쪽 허벅지관절 회전해야 장타 가능

46

오른쪽 허벅지와 장타는 밀접한 관계가 있다. 힘은 큰 근육에서 나온다. 장타에 필요한 힘이 허벅지에서 나온다고 보면 된다.

이상적인 톱스윙은 어깨는 90도, 히프는 45도 회전하는 것이다. 어깨를 90도, 히프를 45도 회전하기 위해서는 허리의 회전도 뒤따라야 한다.

문제는 허리는 잘못 회전하면 무리가 따른다는 것. 주의가 필요하다. 어깨회전은 척추뼈와 허리뼈를 합해도 45도 이상 돌릴 수 없는 구조적인 한계를 갖고 있기 때문이다.

우리 몸의 척추뼈는 33개(목뼈 7개, 등뼈 12개, 허리뼈 5개, 꽁지뼈 4개)가 있다. 그런데 스윙 시 손상을 쉽게 받을 수 있는 것이 이중에서도 목과 허리다. 이는 어깨를 너무 돌리려고 무리를 가하거나 원래의 회전방향에 어긋나는 회전 등을 할 때 나타난다. 그런데 비거리를 낼 욕심이 앞서 어깨나 허리를 필요 이

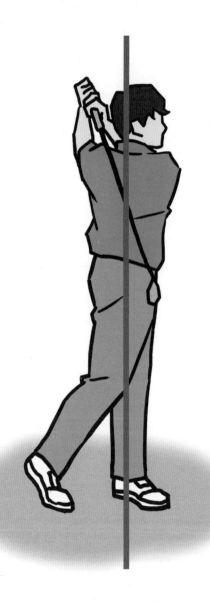

상으로 돌리는 게 아마추어골퍼들의 스윙 특징이다.

허리를 무리하게 내밀거나 돌리려 하지 말고 허벅지 관절을 이용해야 어깨 회전을 쉽게 할 수 있고 강한 타격도 할 수 있다. 또한 신체에 무리도 따르지 않는다.

스윙에서 허리는 상체와 하체를 연결하는 곳이지, 허리 자체에서 힘이 나오는 것은 아니다. 톱스윙 시 어깨가 90도 이상 회전했을 때 이를 잘 관찰하면 오른쪽 허벅지 관절이 크게 회전되는 것을 알 수 있다.

오른쪽 허벅지 관절이 회전하지 않으면 어깨회전이 힘들겠지만, 오른쪽 허벅지 관절이 크게 회전하지 않은 상태에선 어깨 회전이 되었다고 하더라도 강력한 힘을 얻을 수 없다.

백스윙 시 어깨가 회전하면서 오른쪽 허벅지도 함께 팽팽하게 긴장되면서 꼬이는 것을 확인할 수 있다.

어드레스 시 무릎을 약간 안쪽으로 모으는 것은 허벅지가 꼬이는 것을 도와 비축되는 힘의 손실을 막으면서 강력한 파워를 얻자는 측면도 있다.

왜 비거리가 안 날까

될 것 같으면서도 안 되는 게 장타다

47

많은 아마추어골퍼들이 비거리 때문에 고민한다. "다른 것은 다 엉망이여도 좋으니 드라이버 장타만 칠 수 있었으면 좋겠다"는 사람들이 많다. 한마디로 비거리에 목숨을 건다.

이런 골퍼들은 라운드 중 매 홀 죽을 쑤면서도 어쩌다 나오는 드라이버 장타로 그날의 라운드에 의미를 부여하고 좋아한다. 드라이버 잘 쳐놓고 두 번째 샷이 OB가 나도 기분 나빠하지 않는 게 이런 골퍼들의 특징이다.

그러나 장타를 치기 위해 여러 가지 방법을 동원해 연습도 하고 레슨도 받아 보지만 그게 그리 쉬운 일이 아니다. 될 것 같으면서도 안 되는 게 장타다.

이론상으로 장타는 오른발 중심이동이 좋아야 가능하다. 어깨의 오른쪽 회전이 90도 이상 잘 되면 어깨에 매달린 팔과 클럽의 무게 때문에 체중은 오른발 쪽으로 저절로 옮겨진다.

이와 동시에 허리와 하체도 우회전하게 되는데 이때 오른발

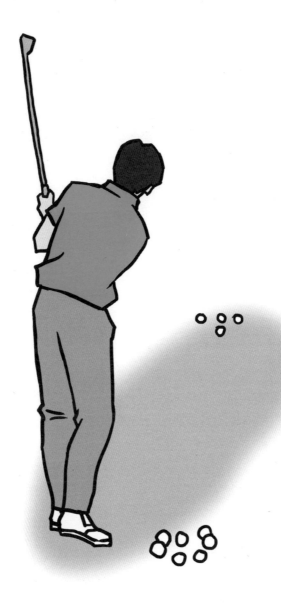

허벅지의 근육도 강하게 체중을 지탱하면서 오른쪽으로 꼬이
게 된다.

예를 들어 보자. 신장 150cm를 갓 넘긴 이언 우스남(웨일스)
이 미국프로골프협회(PGA) 투어 메이저대회인 마스터스에서
우승을 차지했었다. 우스남이 신장 2m에 육박하는 어니 엘스
(남아공)와 같이 큰 몸집의 골퍼들에 비해 뒤지지 않는 파워골
프를 구사하는 것은 발의 힘을 잘 사용하기 때문이다.

오른발의 중심이동이 제대로 되지 않으면 결국 팔로 볼을
치는 스윙을 하고 만다. 체구가 작은 프로골퍼들이 몸집이 큰
아마추어골퍼보다 비거리가 훨씬 많이 나는 장타를 휘두르는
이유는 바로 발의 힘을 잘 이용하기 때문이다.

따라서 장타를 치고 싶으면 백스윙 시 오른발로 중심이동이
잘 되는지 스스로 확인해 보고 오른쪽으로 모아진 체중을 다
시 왼쪽으로 옮기는데 비축했던 힘을 낭비하지 말아야 한다.

클럽을 잡지 않은 맨손인 상태로 어드레스를 취한 다음 양
손을 좌우로 움직여 보면 체중이 어떻게 이동하는지 느낄 수
있다. 이 느낌을 갖고 연습을 하고 실전에 임하면 뭔가 달라지
는 것을 알 수 있을 것이다.

장타, 허리 아닌 허벅지에서

허벅지 관절을 이용해야 어깨 회전이 쉽다

48

공을 똑바로 보내는 것. 골퍼들이 플레이할 때 가장 첫 번째로 생각해야 할 점이다. 목표 방향으로 똑바로 공이 가지 않는다면 좋은 경기를 하는 것은 불가능하다. 하지만 아마추어 골퍼들이 공을 일관성 있게 똑바로 보내기란 그리 쉽지 않다. 대부분 아마추어 골퍼들은 슬라이스나 훅, 즉 일관성 없이 좌우로 휘어지는 공을 보내기가 일쑤다. 공을 일관성 있게 똑바로 보내기 위한 제일 조건은 꾸준한 연습이다.

그런데 좋은 경기를 위한 첫 번째 조건인 '똑바로 공을 보내기'보다 많은 아마추어 골퍼들이 더욱 신경을 쓰는 게 있다. 바로 거리다. 유독 첫 티샷에서 드라이버로 공을 얼마나 멀리 보내느냐에 관심을 높이는 게 많은 아마추어 골퍼들의 우선 관심사다. 좋지 않은 경기 점수나 내용도 '우연한' 드라이버 장타 하나로 기분이 좋아지는 것도 아마추어 골퍼들의 특징이다.

하지만 똑바로 공을 보내지 못하는 스윙은 결코 장타를 보장해주지 못한다. 우연은 절대 실력이 될 수 없다.

장타도 원리와 구조를 알아야 한다. 절대 힘만 쓴다고 공은 멀리 나아가지 않는다. 목표 방향으로 똑바로 쭉 뻗어가는 공의 궤적은 우연히 만들어 질 수 없다. 이 책에서도 여러 번 장타에 대해 이야기 하면서도 연습과 원리를 이해하라고 강조하는 것도 같은 이유다.

여러 번 강조하지만 장타와 밀접한 관계가 있는 것은 우리 신체 중 허벅지다. 힘은 큰 근육에서 나오는 만큼 장타에 필요한 힘도 큰 근육이 몰려 있는 허벅지라 할 수 있다. 문제는 허벅지에 의도적으로 힘을 주기 위해 자칫 무리를 하면 허리가 상할 수도 있다는 점이다. 장타를 만드는데 허벅지가 중요하다고 하지만 허리의 움직임과 밀접하게 연관돼야 한다. 절대 신체 특정부분의 근육만을 사용해서는 힘을 극대화시킬 수는 없는 것이다. 허리뿐만 아니라 어깨와 목도 중요하다.

장타를 보내기 위한 큰 스윙을 할수록 우리 몸의 회전은 극대화돼야 한다. 따라서 큰 회전을 만드는데 허벅지, 허리, 어깨, 몸 등이 유연하게 회전해야 한다. 그래야 헤드 스피드가 빨라지고 효과적인 장타를 낼 수 있다. 이론만으론 부족하다. 몸이 기억하게 만들어야 한다.

피칭웨지로 OB 안내기

일반 아이언의 70~80% 힘으로 샷을 하라

49

드라이버와 아이언샷을 잘 해 놓고 그린 주위에만 오면 '버벅' 거리는 골퍼들이 있다. 두 타 만에 그린 주위까지 왔으나 여기서부터 3타를 넘게 쳐 보기 이상으로 홀—아웃(Hole Out) 하는 골퍼들의 특징은 쇼트게임에 약하다는 점이다. 구력이 짧은 경우가 많은데 이런 골퍼들은 피칭웨지로 OB까지 내는 우를 범한다. 피칭웨지를 사용할 줄 모르게 때문이다.

볼이 날아가며 그리는 포물선이 크면 지면에 떨어진 뒤 런 (Run)이 적다. 반대로 포물선이 작으면 런이 많다.

피칭웨지를 사용한 어프로치샷은 '거리를 내자'는 샷이 아니다. 홀에 볼을 '가까이 붙이는' 샷이다. 따라서 정확성이 생명이다.

골프대회를 보면 프로골퍼가 친 볼이 포물선을 그리며 그린으로 날아와 홀을 지나서 떨어진 뒤 백스핀이 걸려 홀로 굴러가는 광경을 보게 된다. 볼이 그린위에 떨어질 때만 해도 너무

길다 싶었는데 앞으로 구르지 않고 뒤로 굴러 홀에 붙는 광경은 골프가 아니고서는 볼 수 없는 것이다.

이런 구질의 샷은 홀을 공략하는데 앞에 커다란 나무가 가로막고 있거나 그린 앞에 벙커나 워터해저드 등이 있을 때 위력을 발휘한다. 이밖에 피칭 어프로치는 런이 적은 특징 때문에 일반적으로 100야드 내외에서 많이 한다.

런이 많으면 아무리 샷이 좋은 골퍼라도 거리 측정이 쉽지 않으나 이 샷은 런이 적어 직접 홀을 공략할 수 있기 때문이다. 일반 골퍼들이 피칭을 사용할 때 주의해야 할 점은 일반 아이언의 70~80% 정도 힘만 들여 샷을 하라는 것이다.

피칭 어프로치의 주목적은 정확한 샷이므로 힘을 쓰면 쓸수록 볼은 홀에서 멀리 벗어나는 까닭이다. 아마추어골퍼들은 어프로치샷을 그린에 올리는 것으로 만족하지만 실은 볼을 홀에 얼마나 가깝게 붙이느냐에 초점을 맞춰야 한다.

파온

성적보다 파온에 신경써라

50

아마추어골퍼들의 스코어는 믿을 게 못된다. 평소에는 '보기 플
레이어'고 내기 골프에 들어가면 100타를 친다고 고집한다.

골프에 입문하고 나면 누구나 필드에 나가고 싶어 한다. 아
직 스윙이 몸에 익지 않았다는 것을 알면서도 누가 불러주지
않나 귀를 기울인다. 그러다 필드 맛을 한번 보고나면 이번에
는 100타 깨기에 들어간다. 심지어 스코어를 속이면서까지
100타를 꿰맞추려 한다. 아마추어골퍼들 사이에서 스코어는
중요하다. 골프 얘기가 나오면 스코어가 뒤따라 나올 수밖에
없다.

평균 85타를 치는 골퍼와 95타를 치는 골퍼의 스코어 차는
10타다. 하지만 파온(Par On)으로 보면 5개 정도 밖에 차이가
나지 않는다. 85타를 치는 골퍼는 18홀 라운드 중 보통 5개
의 파온을 시키는 반면 95타를 치는 골퍼는 단 한 개의 파온
도 기록하지 못한다.

어쩌다 운이 좋아 파온이 되는 경우도 있다. 아마추어골퍼들은 스코어에 집착하기 앞서 파온으로 그날의 실력을 가늠해 보는 것도 좋은 방법이다. 89타를 치는 골퍼의 파온은 평균 3개 정도니까 파온만 갖고도 대충 어느 정도의 실력인지 알 수 있다.

주의할 점은 파온과 파를 잡는 것은 전혀 다르다는 것이다. 파온을 하지 못해도 파를 잡을 수가 있기 때문이다. 파4홀에서 2온 2퍼트도 파이고 3온 1퍼트도 똑같은 파인 까닭이다.

평균 95타를 치는 골퍼는 18홀 라운드 중 약 2.8개의 파를 기록하고 89타는 5.1개, 75타는 10.3개의 파를 잡는 것으로 나와 있다.

따라서 스코어는 어떻든 그날 라운드에서 파를 잡은 수만 갖고도 자신이 몇 타 정도를 치는 수준인지 금방 알 수 있다. 또 그것으로 위안을 삼을 수 있다.

골프 얘기가 나오면 스코어를 묻지 말고 파온을 몇 개나 하는 지 알아보라.

주요 골프
규칙과 매너
FAQ

01

Q 18홀 라운드 동안 가지고 있을 수 있는 클럽 개수는?

A 14개. 골프 라운드 동안 총 14개의 클럽을 사용할 수 있음. 또한 클럽은 동반자와 공동 사용은 금지.

02

Q 경기 중 클럽이 분실되거나 손상되면 추가나 교체가 가능한가?

A 원칙적으론 안 됨. 하지만 해당 플레이어의 잘못이 아닌 다른 영향으로 클럽이 손상되면 동반자와 협의해 교체나 추가가 가능함.

03

Q 볼 사용에 기준이 있나?

A 기준에 맞는 골프 라운딩 전용 볼을 사용하는 것이 원칙. 볼의 성능 향상을 위해 가열, 스크래치, 도색 등 외형에 고의로 변화를 준 볼을 사용할 수 없음.

04

Q 라운딩 중 볼이 깨질 경우 벌타는?

A 볼이 조각나도 벌타는 없다. 또한 스트로크도 타수에 포함되지 않는다. 단, 볼 상태를 확인하기 위해, 볼을 들어 올릴 경우 반드시 위치를 마크해야 한다. 마크하지 않으면 벌타를 받는다. 또한 플레이어는 반드시 스트로크 했던 곳에서 다른 볼로 플레이를 해야 한다.

05

Q 동반 플레이어가 스트로크 중 다른 볼로 연습해도 될까?

A 홀을 도는 동안 코스 안팎에서 다른 볼로 연습하는 것은 안 된다. 단 볼을 치려는 의도 없이 연습하거나 결과가 결정된 홀에서 한 스트로크는 동반자들이 양해하면 예외적으로 가능하다.

06

Q 동반 플레이어가 의도적으로 경기를 지연시키면?

A 홀을 플레이하는 동안, 또는 홀과 홀 사이에서 의도적으로 시간을 지연시켜서는 안 된다. 플레이어가 부상을 당하거나 기타 피할 수 없는 타당한 이유 이외에 합리적인 이유없이 경기를 지연시킬 경우 1벌타 등 페널티를 부과할 수 있다.

07

Q 플레이가 중단되는 경우는?

A 경기 운영진이 중단 시킬 때, 매치플레이에서 중단을 합의 할 때, 낙뢰 등 불가피한 자연적 위험 요소 발생 시 플레이를 중단할 수 있다.

08

Q 볼을 올바르게 찾기 위한 방법은?

A 플레이 중 볼을 찾기 위해 덤불이나 나뭇가지, 풀 등을 휘젓거나 부러뜨릴 수는 있지만, 경기나 동반자의 플레이에 방해가 되거나 의도적으로 볼의 위치를 이동할 경우 패널티를 받을 수 있다.

09

Q 골프 코스의 구성은?

A 홀의 첫 번째 샷인 티샷을 하는 '티잉 그라운드', 세컨드샷을 하게 되는 '페어웨이', 퍼팅을 하는 '그린' 등 크게 세 부분으로 나눈다. 여기에 코스의 난이도를 좌우하는 '해저드', '벙커' 등이 적절하게 위치해 있다. 해저드는 보통 페어

웨이 가장 자리에 있으며 연못 등으로 구성돼 있으면 '워터 해저드'라고 부른다. 벙커는 일반적으로 모래로 채워져 있으며, 벙커샷을 할 때에는 클럽이 모래에 닿지 않아야 한다.

10

Q 페어웨이에서 OB(Out of Bounds)와 헤저드 지역은 어떻게 표시돼 있나?

A 페어웨이 중간의 잔디가 잘 깎여 있는 부분을 벗어난 가장 자리는 긴 풀이 있는 러프가 있다. 그리고 러프 바깥쪽의 코스를 벗어난 지역과 경계를 표시하는 것이 OB 말뚝이다. OB 말뚝은 보통 흰색이며 공이 이곳을 벗어나면 벌타가 부여된다. OB 말뚝 부근으로 이동해 샷을 하게 되면 이동벌타까지 2벌타가 부여된다.

11

Q 거리목의 의미는?

A 페어웨이 가장 자리에는 홀컵까지의 거리를 가늠할 수 있는 '거리목'이 있다. 거리목의 표시는 골프장마다 다양하지만 일반적으로 세 줄은 200m, 두 줄은 150m, 한 줄은 100m가 남은 것을 의미한다.

12

Q 18홀의 구성은?

A 보통 골프의 한 게임은 18홀을 총 72타에 플레이하는 것을 기준으로 한다. 18홀을 72타에 플레이했다면 파(Par)가 된다. 여기서 타수를 줄이면 언더파(Under Par), 늘리면 오버파(Over Par)다. 18홀은 파3홀 4개, 파4홀 10개, 파5홀 4개로 구성하는 게 일반적이다.

13

Q 티 오프 시간에 늦게 되면?

A 원칙적으로 티 오프 시간은 지켜야 한다. 절대로 늦어선 안 된다. 최소한 클럽하우스에 1시간 전에는 도착해 옷을 갈아 입고 여유 있게 연습 그린에서 퍼팅

연습을 해보는 것을 추천한다. 그리고 최소한 10~15분 전에는 티 오프를 준비하자. 여유있는 준비가 그날의 플레이를 결정할 수도 있다. 만에 하나 지각한다면 5분 이내는 첫 홀 실격의 패널티를 부과할 수 있다. 5분이 지난다면 동반자들의 다음 홀 진행에도 영향을 미칠 수 있으니 지각자는 실격 처리될 수 있다. 무엇보다 절대 늦지 말자.

14

Q 티잉 그라운드에서 주의점은?

A 티잉 그라운드에는 티샷을 하는 해당 플레이어 외에는 절대 들어가면 안 된다. 티 샷 플레이어의 집중을 방해할 수도 있고 자칫 클럽의 이탈 등으로 사고가 날 수도 있다. 특히 티잉 그라운드가 아니라도 티샷을 준비하는 플레이어의 시야에 들어가지 않도록 거리를 유지하는 것도 필수다.

15

Q 동반자들의 볼과 혼동되면?

A 자신이 플레이한 볼은 절대 혼동해서는 안 된다. 따라서 볼에 자신만의 표시를 꼭 해두기를 권한다. 특히 러프나 OB 지역에서 볼을 찾을 때 자신의 볼이 아닌 로스트볼을 주워 와서 플레이하거나 세컨드샷에서 동반자의 볼을 자신의 것으로 혼동하는 것은 큰 실수이자 실례라는 것은 명심하자.

16

Q 페어웨이나 그린에서 클럽을 다룰 때 주의점은?

A 잔디가 손상될 수 있으므로 무리하게 클럽을 떨어뜨리거나 디보트 등이 깊게 파이지 않도록 주의해야 한다. 페어웨이에서 세컨드샷으로 디보트가 나면 뜯긴 잔디를 제자리에 놓고 살짝 밟아 준다. 그린 위에서는 더욱 클럽을 떨어뜨리지 않도록 주의하고 스파이크나 볼 마크 등으로 손상됐을 때는 그린 보수기 등으로 파인 부분을 수리한다.

17

Q 벙커샷 할 때도 주의점이 있나?

A 일단 벙커에 볼이 들어가면 플레이어는 당황해 제대로 샷도 못하고 모래에 발자국을 그대로 나두는 등 허둥지둥 할 수도 있다. 벙커샷을 할 때는 볼과 가까운 곳에서 최대한 턱이 낮은 쪽으로 접근하는 것이 좋다. 그래야 이동할 때 위험도 덜하고 샷을 한 후 고무레 등으로 모래를 정리하기도 좋다. 벙커샷을 한 후에는 자신의 발자국 등으로 파인 모래는 꼭 정리하는 것이 매너다.

18

Q 그린에서 퍼팅할 때는?

A 그린에서 퍼팅 라인을 읽기 위해 볼을 들어 올리려 한다면 꼭 동전 등으로 볼 위치를 마크해야 한다. 또한 상대방의 공과 홀컵 사이는 이동하지 말고, 상대방의 퍼팅 라인도 밟지 않도록 주의해야 한다. 만일 상대방의 볼이 자신의 퍼팅 라인에 있어 마크를 해달라고 한다면 퍼터 헤드 정도의 길이로 옆에 비켜서 마크한다.

19

Q 코스 내 흡연, 음식물 섭취 등은?

A 코스 내에서 흡연, 또는 물을 마시는 것 외에 음식물 섭취 등은 하지 않는 게 좋다. 가끔 홀 간 이동 중 카트에서 흡연을 하거나, 동반자들과 음주 등을 하는 모습을 볼 수 있는 데 다른 사람들의 눈살을 찌푸리게 하는 모습이다. 특히 담배 꽁초 등을 아무 곳에나 버려 자칫 화재로 이어질 수도 있음을 주의하자. 카드 이동 중에도 낙상 등의 위험이 있으므로 바른 자세를 유지해야 한다.

20

Q 라운드가 종료되면?

A 라운드가 종료되면 자신의 클럽이 이상 없음을 확인해 캐디에게 직접 알려주자. 경기가 끝난 후 스코어를 무리하게 조정해 달라고 하는 조르는 경우도 있는데 좋지 않은 매너다. 경기 결과에 깨끗이 승복하고 다음 라운드에서 만회하기 위해 열심히 연습할 것을 권한다. ^^

_ 편집부

골프 용어 해설

※ 이 책에 나온 용어를 중심으로 설명한다.

- Albatross(알바트로스) 홀의 규정 타수보다 3타 적은 스코어
- All Square(올 스퀘어) 무승부
- Approach(어프로치) 그린 가까이에서 핀을 향해 볼을 치는 것
- Back Spin(백스핀) 역회전. 볼이 그린에 떨어지면 멈추거나 뒤로 구르게 한다
- Back Swing(백스윙) 샷을 하기 위해 클럽을 들어 올리는 것
- Back Tee(백 티) 티잉 그라운드의 가장 뒤쪽에 있는 티. 정규거리는 백티에서부터 계산되며 챔피언티라고도 함
- Birdie(버디) 규정 타수보다 한 타수 적게 홀을 마치는 것
- Bogey(보기) 규정 타수보다 한 타수 많게 홀을 마치는 것
- Booby Maker(부비 메이커) 경기 결과 최하위 순위를 기록한 플레이어.
- Break(브레이크) 그린에서 볼이 홀컵을 향해 구를 때 좌우로 휘어지는 지점
- Carry(캐리) 볼이 날아가 지면에 떨어진 거리
- Chip Shot(칩 샷) 짧은 어프로치로 볼을 살짝 띄워 홀에 접근 시키는 것

- Chop In(칩 인) 칩 샷으로 볼이 홀컵에 들어가는 것
- Cocking(코킹) 스윙 시 손목을 꺾어주는 것
- Course Record(코스 레코드) 특정 코스에서 공식적으로 인정된 최저 스코어
- Course(코스) 티잉 그라운드, 페어웨이, 그린 등 경기가 허용되는 모든 지역
- Dimple(딤플) 볼 표면에 파인 홈
- Divot(디봇) 클럽헤드에 의해 파인 잔디의 자국
- Dog Leg Hole(도그 레그 홀) 페어웨이가 강아지 뒷다리 모양처럼 좌우로 휘어져 있는 홀
- Down Blow(다운 블로) 클럽 헤드의 예각을 유지해 위에서 아래로 내리는 것
- Draw(드로우) 오른쪽에서 왼쪽으로 약간 휘면서 날아가는 공
- Driver(드라이버) 1번 우드, 보통 티 샷으로 공을 가장 멀리 보내려 할 때 사용
- Driving Distance(드라이빙 디스턴스) 볼을 드라이버로 친 위치부터 멈춘 지점까지의 거리
- Driving Range(드라이빙 레인지) 드라이버 샷을 연습할 수 있는 거리를 갖춘 실외연습장
- Drop(드롭) 연못 등으로 공이 들어간 경우 구제 조치. 볼을 주운 후 정해진 장소로 이동해 규정 높이에서 볼을 떨어뜨린 후 플레이를 재개

- Duff(더프) 스윙 시 공을 정확히 맞추지 못하는 것. 일명 뒷땅
- Eagle(이글) 홀의 규정 타수보다 2타가 적은 것
- Edge(에지) 그린의 가장자리 부분
- Even Par(이븐 파) 18홀의 기준 타수(보통 72타)와 동일한 타수로 경기를 마치는 것
- Fade(페이드) 볼이 약간 오른쪽으로 휘면서 떨어지는 것
- Follow Through(팔로스루) 볼을 친 후 피니쉬 동작에서 스윙을 마무리하는 단계
- Fringe(프린지) 그린 주변
- Gallery(갤러리) 골프 경기를 관전하는 관람객
- Gimme(김미) 짧은 거리를 남겨 둔 퍼팅을 홀인으로 인정하는 것. 흔히 'OK'와 같은 의미
- Give Up(기브 업) 스트로크 플레이에서 특정 홀이나 경기를 포기하는 것
- Gobble(고블) 퍼팅을 과감하게 하여 볼을 홀에 넣는 것
- Golf Course(골프 코스) 18홀로 구성돼 있으며 규정타수 (Par)는 72타가 일반적
- Grain(그레인) 그린 표면에 잔디가 자라거나 깎여진 결의 방향
- Grass Bunker(그래스 벙커) 모래가 아닌 잔디가 있는 벙커
- Green Fee(그린피) 그린 사용료라는 의미로 골프장 입장 요금
- Green Keeper(그린 키퍼) 코스의 잔디나 구성물 등을 관리하는 사람

- Green(그린) 홀컵이 있는 곳으로 짧게 깎여진 잔디가 양탄자 처럼 잘 다듬어져 있는 곳
- Grip(그립) 클럽의 고무 등으로 감겨져 있는 손잡이 부분. 또는 손잡이를 감싸 쥐는 동작
- Guard Bunker(가드 벙커) 그린을 주변의 감싸고 있는 모양을 한 벙커
- Head Up(헤드 업) 임팩트 시 눈으로 공을 보지 못하고 머리가 들리는 것
- Hole out(홀 아웃) 한 홀의 플레이를 마치는 것
- Honor(오너) 티샷을 제일 먼저 할 수 있는 플레이어. 직전 홀의 타수가 가장 적은 사람이 오너다
- Hook(훅) 볼이 오른쪽에서 왼쪽으로 크게 휘어져 날아가는 것
- Impact(임팩트) 스윙 시 클럽 헤드가 볼과 접촉되는 순간
- Inside Out(인사이드 아웃) 클럽 헤드가 몸 안쪽에서 다운 스윙이 돼 임팩트 후 팔로 스루 시 몸 바깥 쪽으로 빠져나가는 것. 훅이 날 수 있다
- Ladies Tee(레이디 티) 여성 전용 티잉 그라운드
- Lie(라이) 낙하된 볼의 위치나 상태
- Line Up(라인 업) 퍼팅을 할 때 볼과 홀까지 연결되는 선을 눈으로 그어보는 것
- Lob Shot(로브 샷) 볼이 높은 포물선을 그리며 날아가도록 하는 샷. 스핀이 적어 그린에 떨어진 뒤 잘 굴러가지 않음

- Local rule(로컬 룰) 개별 골프장에서 형편에 따라 정한 규칙
- Loft(로프트) 클럽페이스의 경사각
- Long Iron(롱 아이언) 샤프트가 길고 로프트가 적은 아이언 으로 다루기 힘들지만 비거리가 길게 나온다
- Mashie Niblick(매쉬 니블릭) 7번 아이언
- Mashie(매쉬) 5번 아이언
- Medallist(메달리스트) 해당 게임의 전체 플레이어 중 가장 적은 타수를 기록한 사람
- Mulligan(멀리건) 벌타 없이 한 번 더 기회를 주는 샷
- Neck(넥) 클럽의 헤드와 샤프트가 연결된 부분
- Net Score(네트 스코어) 타수에서 핸디캡 스트로크를 뺀 스코어
- Niblick(니블릭) 9번 아이언
- One On(원 온) 한 번의 샷으로 볼을 그린에 올리는 것
- Open Stance(오픈스탠스) 어드레스 시 왼발의 각도를 약간 기울이는 것
- Out of Bounds(아웃 오브 바운드) OB, 볼이 정상 코스를 벗어나는 것
- Outside In(아웃사이드 인) 클럽 헤드가 몸 바깥 쪽에서 다 운스윙이 돼 임팩트 후 폴로 스루 시 몸 안쪽으로 빠져나가는 것. 슬라이스가 날 수 있다

- Over Spin(오버 스핀) 볼의 회전이 많이 걸리는 것. 볼이 떨어지면 런이 많이 발생함.
- Par On(파 온) 각 홀의 규정 타수 보다 2타 적은 타수로 그린에 공을 올리는 것
- Pin(핀) 홀컵에 꽂혀있는 깃대
- Pitch and Run(피치 앤 런) 볼을 낮게 띄워 런이 많이 발생하도록 하는 어프로치샷
- Pitch Shot(피치 샷) 칩샷보다 다소 먼 거리로 공을 보내는 어프로치 샷
- Pivot(피봇) 스윙을 위해 허리를 회전할 때 자연스럽게 체중을 옮겨주는 동작
- Preshot Routin(프리샷 루틴) 스윙 전후 감각 유지를 위해 플레이어가 습관처럼 하는 동작
- Recovery shot(리커버리 샷) 비정상적인 위치에서 벗어나기 위한 샷을 총칭
- Regular Tee(레귤러 티) 일반적인 성인 남성 플레이어가 티샷을 하는 티잉 그라운드
- Release Point(릴리스 포인트) 손목이나 어깨 회전 시 힘을 뺀 상태에서 클럽이 최고 속도로 볼에 임팩트 되는 지점
- Release(릴리스) 클럽 헤드를 공과 직각이 되도록 자연스럽게 풀어주는 동작

- Replace(리플레이스) 볼을 닦기 위해 들었다가 다시 원래 위치에 놓은 것
- Reverse pivot(리버스 피봇) 스윙 시 체중이 제대로 이동 되지 않고 한쪽 발에 남아있는 것
- Roll Over(롤 오버) 스윙 피니쉬가 끝나자마자 양손을 빠르게 몸쪽으로 끌어오는 동작
- Rotation(로테이션) 클럽으로 공을 임팩트 하기 전 손목의 움직임
- Rough(러프) 페어웨이 주변 잔디가 길게 자라있는 부분
- Run(런) 볼이 낙하지점에서 굴러가는 것
- Running Approach(런닝 어프로치) 볼을 띄우지 않고 굴려서 홀컵에 접근시키는 것
- Sand Wedge(샌드 웨지) 주로 모래 벙커에서 사용하는 아이언
- Scoop(스쿱) 아이언으로 높이 볼을 쳐 올리는 것
- Scratch Player(스크래치 플레이어) 핸디캡이 0인 플레이어
- Set Up(셋업) 볼을 치기 위해 자세를 잡는 것
- Shaft(샤프트) 클럽 헤드에서 그립까지 연결하는 막대기 부분
- Shank(섕크) 볼이 샤프트에 잘못 임팩트 돼 목표 지점과 전혀 다른 방향으로 날아가는 것
- Shot Game(숏 게임) 그린 가까이나 주변에서 하는 어프로치샷 등의 플레이

- Shot(샷) 클럽으로 볼을 치는 것. 그린에서 퍼터로 볼을 굴리는 것은 퍼팅이라 함
- Slice(슬라이스) 볼이 오른쪽으로 크게 휘어져 나가는 것
- Slow Back(슬로우 백) 백스윙을 천천히 하는 것
- Sole(솔) 지면과 닿는 클럽 헤드 부분
- Spoon(스푼) 3번 우드
- Stance(스탠스) 스윙을 위해 두 발을 적당한 간격으로 하고 자세를 취하는 것
- Steady Player(스테디 플레이어) 기복이 없이 꾸준한 실력을 유지하는 플레이어
- Stroke(스트로크) 볼을 목표 방향으로 똑바르게 치는 것
- Sway(스웨이) 스윙 자세를 잡으면서 힘을 빼기 위해 몸을 좌우로 움직이는 것
- Sweet Spot(스위트 스팟) 클럽 페이스의 중심으로 볼이 가장 올바르게 임팩트되는 지점
- Swing(스윙) 클럽을 휘두르는 것
- Take Away(테이크 어웨이) 백스윙이 시작되는 부분
- Take Back(테이크 백) 스윙을 하기 위해 클럽을 뒤로 빼는 것
- Tee Off(티 오프) 첫 홀에서 볼을 처음으로 치는 것
- Tee Shot(티 샷) 티잉 그라운드에서 티에 올려놓은 볼을 치는 것. 홀을 시작하는 샷

- Tee(티) 한 홀이 시작될 때 샷을 하기 위해 공을 올려놓는 나무 못
- Trouble Shot(트러블 샷) 정상적인 샷을 하기 어려운 상태에서 해야 하는 샷
- Under Par(언더 파) 규정 타수 보다 적은 스코어
- Up and Down(업 앤 다운) 경사가 심한 그린
- Upper Blow(어퍼 블로우) 아래에서 위로 향하도록 드라이버로 공을 치는 것
- Upright Swing(업라이트 스윙) 궤도를 지면과 수직에 가깝도록 하는 스윙
- Waggle(왜글) 스윙 전에 긴장을 풀기 위해 클럽이나 몸을 가볍게 움직이는 것
- Water Hazard(워터 해저드) 호수, 연못, 개울 등 물이 있는 해저드
- Winning Shot(위닝 샷) 승부를 결정 짓는 샷
- Yard(야드) 골프장에서 많이 사용하는 거리 단위(100yard = 91.44m)
- Yardage(야드지) 홀이나 코스의 거리를 야드(Yard) 단위로 표시한 숫자
- Yips(입스) 스윙이나 퍼팅 시 긴장 등으로 불안정해지는 것

_ 편집부

거리 환산표

야드(yd) → 미터(m) / 미터(m) → 야드(yd)					
10	→	9	/	10 →	11
20	→	18	/	20 →	22
30	→	27	/	30 →	33
40	→	37	/	40 →	44
50	→	46	/	50 →	55
60	→	55	/	60 →	66
70	→	64	/	70 →	77
80	→	73	/	80 →	87
90	→	82	/	90 →	98
100	→	91	/	100 →	109
110	→	101	/	110 →	120
120	→	110	/	120 →	131
130	→	119	/	130 →	142
140	→	128	/	140 →	153
150	→	137	/	150 →	164
160	→	146	/	160 →	175
170	→	155	/	170 →	186
180	→	165	/	180 →	197
190	→	174	/	190 →	208
200	→	183	/	200 →	219
210	→	192	/	210 →	230
220	→	201	/	220 →	241
230	→	210	/	230 →	252
240	→	219	/	240 →	262
250	→	229	/	250 →	273

야드(yd) → 미터(m) / 미터(m) → 야드(yd)					
260	→	238	/	260 →	284
270	→	247	/	270 →	295
280	→	256	/	280 →	306
290	→	265	/	290 →	317
300	→	274	/	300 →	328
310	→	283	/	310 →	339
320	→	293	/	320 →	350
330	→	302	/	330 →	361
340	→	311	/	340 →	372
350	→	320	/	350 →	383
360	→	329	/	360 →	394
370	→	338	/	370 →	405
380	→	347	/	380 →	416
390	→	357	/	390 →	427
400	→	366	/	400 →	437
410	→	375	/	410 →	448
420	→	384	/	420 →	459
430	→	393	/	430 →	470
440	→	402	/	440 →	481
450	→	411	/	450 →	492
460	→	421	/	460 →	503
470	→	430	/	470 →	514
480	→	439	/	480 →	525
490	→	448	/	490 →	536
500	→	457	/	500 →	547

● 100yd = 91.44m / 100m = 109.36133yd